改革进行时

高质量发展实践案例选读

河北省社会科学院
中共河北省委讲师团 编

河北大学出版社
·保定·

出 版 人：刘相美
责任编辑：何　东
特约编辑：赵彩霞
装帧设计：王占梅
责任校对：蔡文涛
责任印制：常　凯

GAIGE JINGXING SHI
GAOZHILIANG FAZHAN SHIJIAN ANLI XUANDU

图书在版编目（CIP）数据

改革进行时：高质量发展实践案例选读 / 河北省社会科学院，中共河北省委讲师团编.保定：河北大学出版社，2024．11．--ISBN 978-7-5666-2555-7

Ⅰ．D61

中国国家版本馆CIP数据核字第2024SB2359号

出版发行：河北大学出版社
地址：河北省保定市七一东路2666号　邮编：071000
电话：0312-5073003　0312-5073029
网址：www.hbdxcbs.com
邮箱：hbdxcbs@163.com
经　　销：全国新华书店
印　　刷：保定市正大印刷有限公司
幅面尺寸：170 mm × 240 mm
字　　数：200 千字
印　　张：12.75
版　　次：2024 年 11 月第 1 版
印　　次：2024 年 11 月第 1 次印刷
书　　号：ISBN 978-7-5666-2555-7
定　　价：62.00 元

前　言

党的二十大胜利召开，我国开启了全面建设社会主义现代化国家新征程，高质量发展被确立为这一宏伟蓝图的首要任务。党的二十届三中全会审议通过了《中共中央关于进一步全面深化改革、推进中国式现代化的决定》，为我们在新时代进一步全面深化改革、推动高质量发展指明了方向。

《高改革进行时：质量发展实践案例选读》一书正是在这一时代背景下应运而生的，我们选取宏观经济政策调整、产业结构升级、区域协调发展、生态文明建设、对外开放新格局等方面的具体案例为引，每篇分设典型案例、背景情况、实践探索、经验启示等四个板块，通过对党的二十大以来中共中央及河北省委关于高质量发展系列政策进行阐释解读，以及对在推进中国式现代化进程中各地所开展的积极探索与取得的显著成效进行总结和提炼，进而展现我国在应对国内外复杂形势下，坚持改革开放不动摇，推动高质量发展的坚定决心与实际行动。

本书是广大干部群众提升理论素养的辅助教材，希望能对读者有所启发。

编者

2024 年 9 月

目　　录

01　牢记嘱托　践履笃行

——强化创新驱动引领高质量发展

习近平总书记在河北考察时指出，要“在推进创新驱动发展中闯出新路子”。殷殷嘱托，情深意长，催人奋进。2023年5月10日至12日，习近平总书记在党的十八大后第十次到河北视察、第三次到雄安新区视察，两次主持召开座谈会并发表重要讲话，提出一系列重要要求，为河北发展指明了前进方向，提供了政治引领，创造了历史机遇。习近平总书记的深切关怀，让燕赵儿女倍感责任重大，使命光荣。广袤的燕赵大地掀开新的发展篇章。河北省委省政府团结、带领全省人民深入学习贯彻习近平总书记关于科技创新的重要论述和对河北工作的重要指示批示，把坚持高质量发展作为新时代的“硬道理”，完整准确全面贯彻新发展理念，积极服务和融入构建新发展格局，加快建设经济强省、美丽河北，奋力谱写中国式现代化建设河北篇章。

一、典型案例

2024 年 11 月 7 日，河北省科技厅举办本年度科技创新方法大赛。在这场科技智慧的对决中，诸多科技创新成果璀璨夺目：“低渗透老油田增能体积复压工艺技术创新”项目团队获大赛金奖；“增强栅线对光伏电池载流子的收集能力”等 3 个项目团队获大赛银奖；“解决磺化碱熔法生产酚类产品过程二氧化硫尾气处理问题”等 6 个项目团队获大赛铜奖。其中，6 个优秀项目团队将于 11 月中旬代表河北征战全国总决赛。

“低渗透老油田增能体积复压工艺技术创新”项目凭借其独树一帜的技术创新荣膺金奖。该项目针对低渗透老油田开采的瓶颈问题，匠心独运地提出了体积复压工艺，通过精细化调控压力与流体注入的精准配合，深度激活油层潜能，实现了采油率的显著提升。此技术不仅有效降低了开采成本，更显著提升了老油田的资源利用效率，为石油行业的绿色转型与高效发展注入了全新动能，开辟了前所未有的创新思路。银奖项目中，“增强栅线对光伏电池载流子的收集能力”的研究令人瞩目。该项目通过精妙优化光伏电池的栅线设计，引入新型材料与先进工艺，显著增强了栅线对载流子的捕获与传导效率，从而大幅提升了光伏电池的转换效率与长期稳定性。这一创新成果不仅为光伏产业降本增效、提升核心竞争力提供了有力支撑，更为行业未来发展开辟了一条崭新路径。铜奖项目中，“解决磺化碱熔法生产酚类产品过程二氧化硫尾气处理问题”的研究展现出了不菲的创新价值。该项目针对磺化碱熔法生产过程中产生的二氧化硫尾气污染难题，成功研发出高效尾气处理装置与先进技术，实现了二氧化硫的回收利用与达标排放，有效破解了环境污染的棘手问题，为化工行业的可持续发展贡献了重要力量，彰显了科技创新在推动产业升级与环境保护中的重要作用。

2024 年 7 月，河北经济半年报出炉，河北实现生产总值 21 510.1 亿元，同比增长 5.0%。河北经济运行总体平稳，多项主要经济指标好于全国平均水平。沿着科技创新之路阔步前行，河北将以更大的气魄和力度抓创新、谋创新，奋力推动高质量发展向上突围，让中国式现代化在河北展现勃勃生机。

河北，肩负着坚持高质量建设、高水平管理、高质量疏解发展并举，推动雄安新区建设不断取得新进展的光荣使命；承担着牢牢抓住疏解北京非首都功能这个“牛鼻子”，推动京津冀协同发展不断迈上新台阶的历史重任；面临着加快建设经济强省、美丽河北，奋力谱写中国式现代化建设河北篇章的使命担当。新形势新任务，迫切需要河北不断强化进取观念、创新观念，以解放思想、奋发进取的精神状态推进创新发展，在推进创新驱动发展中闯出新路子。创新驱动，不仅是激活经济潜能、培育竞争新优势的“金钥匙”，更是加快产业结构优化升级、实现新旧动能转换的“加速器”。“必须瞄准国家战略需求，系统布局关键创新资源，发挥产学研深度融合优势，不断在关键核心技术上取得新突破”“要构建产学研协作新模式，提升科技成果区域内转化效率和比重”等谆谆嘱托、关怀指导深入人心。河北深入贯彻习近平总书记重要指示精神，将创新置于全省发展全局的重要地位，通过强化科技创新引领，打造创新驱动新引擎，培育新质生产力，为全省高质量发展持续向上突围提供有力科技支撑。河北持续强化创新驱动引领高质量发展，推动河北经济社会的全面进步，为全国构建新发展格局、实现高质量发展贡献河北力量。

二、背景情况

2024 年 6 月 24 日，全国科技大会、国家科学技术奖励大会和中国科学院第二十一次院士大会、中国工程院第十七次院士大会在人民大会堂召开。习近平总书记为国家最高科学技术奖获得者等颁奖并发表重要讲话时强调：“中国式现代化要靠科技现代化作支撑，实现高质量发展要靠科技创新培育新动能。必须充分认识科技的战略先导地位和根本支撑作用，锚定 2035 年建成科技强国的战略目标，加强顶层设计和统筹谋划，加快实现高水平科技自立自强。”

2024 年 7 月 18 日，党的二十届三中全会胜利召开，会议通过了《中共中央关于进一步全面深化改革、推进中国式现代化的决定》。全会对进一步全面深化改革作出系统部署，强调要“推进高水平科技自立自强，推进高水平对外开放，建成现代化经济体系，加快构建新发展格局，推动高质量发展”。河北积极响应国家科技创新发展战略号召，将创新驱动作为引领高质量发展的第一动力，出台了一系列旨在强化创新驱动、推动高质量发展的政策措施。河北通过制定与落实《关于深化科技改革创新推动高质量发展的意见》《关于大力推进科技创新工作的若干措施》《河北省科技创新“十四五”规划》《加快建设创新型河北行动方案（2023—2027 年）》等相关政策及管理办法，深入践行新发展理念，通过构建多层次、宽领域的创新体系，不断激发全社会创新活力。

河北省在推进创新驱动发展中，注重强化企业科技创新主体地位，通过制定和落实研发费用加计扣除等一系列优惠措施，切实减轻企业负担，激发企业创新内生动力。同时，依托雄安新区、自贸试验区等平台，吸引更多京津科技成果到河北孵化、转化、产业化，形成协同创新共同体，提升科技成果转化效率。此外，河北还聚焦氢能、半导体、机器人等重点领域，突破关键核心技术，推动传统产业改造升级，培育壮大生物医药等战略性新兴产业，布局建设人工智能等未来产业，全面释放实体经济和数字经济融合效能。河北持续强化创新驱动引领高质量发展，助力优化营商环境和创新氛围，加快人力资本积累，促进科技成果转化，并在京津冀协同发展中彰显新担当，实现与京津两地优势互补、共同发展。通过创新驱动，河北正逐步构建起以科技创新为引领的现代化产业体系，为实现经济强省、美丽河北的目标奠定坚实基础。

三、实践探索

河北正处于重要的历史性窗口期和战略性机遇期，面对世界新一轮科技革命和产业变革的重大机遇和挑战，面对转变发展方式、推动高质量发展的重大任务，河北认真贯彻党中央决策部署和省委、省政府工作要求，坚持“四个面向”，深入实施创新驱动发展战略，推动创新主体加快成长、科技创新平台提档升级、科技成果转化孵化成效突出、科技体制和创新环境持续优化、创新型河北建设取得重要阶段性成果。2024 年 4 月，“推动高质量发展”系列主题新闻发布会公布：河北研发经费增速居全国第六，已连续 6 年保持两位数增长。

（一）强化企业创新主体地位，充分调动研发投入积极性

习近平总书记指出：“企业是创新的主体，是推动创新创造的生力军。”河北省工信厅 2024 年 8 月在“益企服务　赋冀前行”活动中公布的最新数据显示，河北累计培育创新型中小企业 1.48 万家，专精特新中小企业 6 314 家，创新主体不断培育壮大。企业是推动河北创新发展的重要力量。河北要围绕提高全社会研发投入力度，促进科技创新成果大量涌现，强化政策支持、激励约束和服务保障，充分调动各类企业科技创新积极性，推动全省研发投入力度实现明显提升。全面落实研发费用加计扣除等普惠性政策，指导中小企业完善会计制度，在享受税收优惠的同时增强创新意识，形成重视创新、竞相创新的浓厚氛围。建立国有企业研发投入刚性增长机制，省属国有企业带头，优化净利润分配，拿出更多资金加大研发投入，培育科技人才、高技能人才和工程师队伍，力争用 5 年时间提升省属国企研发投入水平迈入全国第一方阵。

“强化企业科技创新主体地位，拓展研发费用加计扣除政策效果”；“希望广大企业抓住重大机遇，加大研发投入，不断增强综合竞争力”……

河北省委书记、省人大常委会主任倪岳峰在全省多地调研时特别强调企业创新。创新的前提是持续的研发投入。在唐山国芯晶源电子有限公司，2023 年 1 121 万元研发费用加计扣除优惠犹如“及时雨”，让这家生产电路“心脏”的企业开足马力，专注新产品研发；2024 年 5 月底，河北中兴汽车制造有限公司将财务数据上传到智慧河北加计扣除服务平台，一键完成研发费用归集。研发投入越多减税越多，河北积极推动研发费用加计扣除政策无忧享受、安心享受，制定落实鼓励企业技术创新的政策措施，让企业在科技创新中当主角、挑大梁。

钢铁是河北第一支柱产业。近年来，河北去产能、调结构、转动能，积极推动钢铁产业迈向高端化、智能化、绿色化，促进产业高质量发展。

薄、宽、硬是GA汽车板的重要特性，河钢浦项汽车板有限公司的产品最薄可达0.3毫米，最宽可达1 860毫米，最高强度可达980兆帕。河钢浦项的创新突破是河北钢铁产业高质量发展的缩影。2024年4月，河钢浦项收到一家知名车企寄来的样品——由自家供应的第一批GA汽车板制作的汽车部件，这标志着河钢浦项顺利进入这家车企的供应链体系。河北鼓励企业实施技术改造，推动钢铁产品优化升级，加快向优特精品钢、高品质特殊钢、特种合金钢等方向发展，产品附加值显著提升。河北高端钢铁产品不断涌现，不久前，河钢集团唐钢公司研发生产的14毫米和16毫米超厚规格大梁钢顺利交付客户，填补了国内超厚规格大梁钢领域空白。

（二）抓好科技创新平台建设，推进产学研用深度融合

习近平总书记指出："建设重大创新基地和创新平台，完善产学研协同创新机制。"河北要依托雄安新区和各个高新区、开发区，引进建设一批高端高新项目，充分发挥示范带动作用；优化整合省级重点实验室，建设一批高能级技术创新中心和新型研发机构，促进创新资源共建共享；积极推动高校科技创新与经济社会发展深度融合，发挥高校科研经费杠杆撬动作用，选择一批前景好、有优势的科研项目给予前期支持，鼓励高校与企业合作攻关，吸引社会资本参与科研，突破一批经济社会发展急需的"卡脖子"技术。

科技成果转化是助力新质生产力发展的重要一环，可以弥合技术与市场间的"信息差"，助力企业开出"创新花"，结出"产业果"。一种用于治疗牛身上寄生虫的兽药布帕伐醌，年底即将在位于沧州临港经济技术开发区的沧州泽兴生物科技有限公司投产。此前，布帕伐醌原料药主要由印度生产，国内虽有厂家尝试开发，但由于其合成工艺复杂等原因，生产成本居高不下。从生产医药中间体及原料药的企业顺利驶入兽药生产新赛道，泽兴生物的发展离不开南开大学技术团队的鼎力支持。而沧州临港经济技术开发区的配套产业及设施，刚好为实验室的技术转化提供了必要的"反应釜"。投产后，

该原料药可实现国产替代，价格比进口产品每公斤降低四五千元。实验室的研发项目，小试可以在研究院完成，而中试则必须跟资方或企业合作。临港经济技术开发区为促进科技成果高效转化，为项目中试提供标准化厂房、配套设施、专业化运营管理服务等，并对进行转化的研发项目提供相关扶持。在大量验证试验的加持下，研发团队的研发速度和技术成熟度持续攀升。

从基础设施的硬件支撑到制度机制的软件保障，河北深入实施协同创新共同体建设行动，打造科技成果转化园区和专业化功能性平台，强化创新资源优化配置，积极承接京津科技溢出效应和产业转移，加强与高校、科研院所对接协作，协同创新平台的网络越织越密。围绕京津创新链布局河北产业链，截至目前，河北省科技厅推动南开大学、清华大学、北京理工大学等京津高校与河北省各地合作共建科技平台示范基地 9 家。2023 年一年时间，示范基地获授权发明专利 31 项，实施科技成果转化项目 23 个。

（三）做大做强科技领军企业，带动特色产业加快发展

习近平总书记指出："推动高质量发展，要善于抓最具特色的产业、最具活力的企业，以特色产业培育优质企业，以企业发展带动产业提升。"科技创新是国企提高核心竞争力的"金钥匙"，河北强力推进国企研发投入"三年上、五年强"专项行动，2024 年 1—5 月省属国企研发经费投入 107.08 亿元，同比增长 24.35%，研发投入强度稳居全国省级监管企业第一方阵。河北落实企业研发费用加计扣除、研发投入后补助等政策，科技特派团是河北巩固坚持和深化科技特派员制度的重要举措。河北统筹创新资源和科研力量，多部门协同联动，针对专精特新"小巨人"企业技术需求，匹配省内外高校、科研院所相关领域专家，组团开展"一对一"帮扶。截至目前，河北 306 个科技特派团帮助"小巨人"企业搭建各级各类创新平台 288 个，攻克关键技术难题 551 项，获得授权专利 1 723 项。河北有 107 个县域特色产业集群和一批专精特新"小巨人"企业，这是解决县多县小问题、培育壮大县域经济

的重要基础，也是抓科技创新的重要发力点。河北通过《关于加快推进县域科技创新的若干措施》实施“盯末端、强服务、促发展”支持市县科技创新专项行动，培树县域科技创新先进典型，形成省、市、县合力推动跃升计划深入实施局面。河北坚持围绕产业链部署创新链，围绕创新链布局产业链，大力实施县域科技创新跃升计划，聚焦优势特色产业，集中力量支持培育一批科技领军企业，通过市场化方式并购重组、上市融资、做大做强，带动县域特色产业集约集群发展，提升县域经济实力，加快打造更多的全国百强县。

河北坚持创“新”动力，推动电子信息、生物医药等新兴产业跑出“加速度”。2023 年生物医药产业营收超过千亿元，电子信息产业营收超过 3 000 亿元，全省高新技术产业投资增长 24.7%。向“群”集聚，河北正在实施战略性新兴产业融合集群发展行动，重点支持生物医药、电子信息、新能源汽车等 9 个产业集群，重点培育新材料、安全应急装备、现代中医药等 8 个产业集群，促进战略性新兴产业由集聚发展转向集群发展。向“链”连接，延伸新兴产业链条，打造更有生命力的产业生态。延伸新兴产业的产业链条，既壮大龙头企业这些“大树”，也注重引育上下游配套企业这些“小树”，最终把新兴产业这片“森林”做起来，打造更有生命力的产业生态。向“新”而行，依托算力优势，大力发展先进计算、人工智能等未来产业，加快布局空天信息、绿色氢能等产业。围绕培育壮大新兴产业，河北将充分发挥自身优势，超前谋划布局未来产业。围绕主导产业建设高能级创新平台，培育壮大集成电路、电力装备、生物医药等战略性新兴产业，超前布局空天信息、先进算力、绿色氢能等未来产业，河北综合算力指数排名居全国第四。大力推进传统产业转型升级，启动 7 个重点行业环保绩效创 A，推广了低碳冶金、洁净钢冶炼等先进技术。下一步，河北将实施装备制造业技术改造升级工程，深化科技赋能，推动钢铁产业发展高端材料级产品，加快补链延链，让传统产业“老树发新枝”。

（四）深化京津冀协同创新，吸引更多科技成果到河北孵化转化

习近平总书记指出："要集聚和利用高端创新资源，积极开展重大科技项目研发合作，打造我国自主创新的重要源头和原始创新的主要策源地。"河北要抓住京津冀协同发展重大国家战略机遇，充分发挥河北区位优势，共同打造京津冀协同创新共同体，促进河北创新能力不断提升；要围绕河北"三区一基地"——全国现代商贸物流重要基地、产业转型升级试验区、新型城镇化与城乡统筹示范区、京津冀生态环境支撑区——功能定位，深化与央企和京津高校、科研院所对接合作，运用更多市场化方式，精准承接北京非首都功能疏解，特别是优化营商环境、增强配套能力、创新转化机制，在对接京津、服务京津中加快发展自己。

扎实推进京津冀协同创新，京津成果加速在河北孵化转化。2018 年，九纯健公司开始在京外选址，计划建设更高标准、更大规模的生产基地，经过多次考察和对比，最终选择了保定·中关村。在保定·中关村创新中心支持下，九纯健公司已获得知识产权 23 件，营业额是刚来保定时的 10 倍。作为创新策源地的中关村已在河北多地开花，截至 2023 年底，中关村企业在河北设立子公司、分公司累计 5 589 家，投资额 1 015.01 亿元。

在京津冀协同创新的浪潮中，一种革新传统认知的"老粗布"——实则为高科技膜材料，以其独特的"透液不透气"特性，在工业提纯与水处理等领域展现出非凡实力。天津工业大学沧州研究院的成立为这一科技创新成果提供了孵化平台，不仅推动了海水淡化、超纯水制备等先进技术的广泛应用，还助力沧州成了膜产业新高地。沧州工苑新型膜材料有限公司作为该技术的实践先锋，凭借天津工业大学的科研优势，成功突破国外技术壁垒，研发出符合国情的隔膜，占据国内碱性电解槽制氢市场 90% 的份额，为区域产业升级注入强大动能。与此同时，海派特膜科技（河北）有限公司的成功案例，生动诠释了京津冀深度协同创新的全过程。该公司采用的双"膜"法海水处理技术，实现了资源的最优化利用，促进了产业升级，成为京津冀协同创新、

吸引科技成果落地转化的生动写照。这一系列成就不仅强化了区域科技创新能力，更为推动河北高质量发展开辟了新路径。

京津冀协同发展战略实施10年，从重点突破到全面推进，协同发展取得显著成效，区域整体实力不断提升。当前，京津冀协同发展进入全面纵深推进的关键阶段，要不断完善区域合作机制，深化探索协同创新新路径，发挥场景创新引擎作用，推动更多科技成果从“实验室”走向“生产线”，加快培育新质生产力，努力使京津冀成为引领全国高质量发展的重要动力源之一。

（五）深入推进科技体制改革，激发各类人才创新活力

习近平总书记指出：“我国要实现高水平科技自立自强，归根结底要靠高水平创新人才。”河北要加快科技领域“放管服”改革，健全科技创新综合服务体系，完善知识产权保护制度，围绕主导产业发展需求，不拘一格引进各类高素质人才和高水平创新团队；要营造良好创新环境，落实“揭榜挂帅”“赛马”等制度，给予科研单位更多自主权和科技人员更多创新收益，让一切创新源泉充分涌流，为高质量发展提供有力支撑。

石药集团研发全球首款、获批系统性红斑狼疮（SLE）临床试验的基于m RNA-LNP（信使核糖核酸－脂质纳米颗粒）的细胞治疗产品，圣昊光电研发的光芯片AOI（自动光学检测）设备、6英寸划裂片等多款新产品填补国内相关领域空白……2024年以来，河北企业创新成果的不断涌现，得益于坚持以科技创新引领产业创新，着力在引进高层次科技创新创业人才、优化资源布局、支持企业科技创新、创新产学研用合作机制等方面的持续发力。研发氢溴酸伏硫西汀原料药制备工艺，通过更换催化剂，降低生产成本；设计新的合成路线，推出盐酸甲氧氯普胺原料药制备工艺，减少反应步骤，提升了收率……自5年前入职石家庄四药有限公司，仝巧林带领研发团队不断创新和突破，目前在研药物开发项目20余项，已实现新产品

成果转化 12 项，给企业带来可观的经济效益。河北将继续搭建高水平创新平台，招引高层次创新团队，实施创新应用场景三年行动，加快形成新质生产力，推进高质量发展向上突围。

四、经验启示

河北深入贯彻落实党中央、国务院决策部署，切实增强推进科技创新的责任感、紧迫感，依靠解放思想推动思维方式转变，依靠深化改革激发科技创新活力，加快推出一批改革性、撬动性举措，攻克一批原创性、引领性关键技术，在推进创新驱动发展中闯出新路子。河北将进一步深化科技改革创新，深入实施创新驱动发展战略，加快培育创新发展、绿色发展、高质量发展新动能。

（一）强化科技创新和产业创新深度融合，加快发展新质生产力

企业要充分发挥创新主体作用，支持科技领军企业牵头构建上下游紧密合作的创新联合体，培育单项冠军、隐形冠军和独角兽企业；着力打造优势产业集群，推动钢铁等传统产业转型升级，壮大生物医药等战略性新兴产业，布局建设人工智能等未来产业，发挥河北算力优势，全面释放实体经济和数字经济融合效能；强化协同创新和产业协作，依托高新区、自贸试验区等平台，吸引更多京津科技成果到河北孵化、转化、产业化。

（二）全面加强雄安新区科技创新能力建设，打造新时代的创新高地和创业热土

雄安新区要加快拓展创新链条，围绕落地央企，同步谋划创新链、产业链，发挥好中关村科技园等创新平台作用，形成强大带动效应；集聚高端高新产业，大力发展空天信息、新一代信息技术等重点产业，以科技创新引领

现代化产业体系建设；要搭建创新创造平台，提升中关村企业家、首都高校大学生雄安行的规模和质量，汇聚更多创新资源要素。

（三）积极营造更具竞争力的创新生态，提升创新体系整体效能

政府及企业要加强科技研发投入激励，更好落实研发费用加计扣除等政策，强化知识产权保护，持续优化营商环境；搭建科技、产业、金融对接平台，形成更多创新应用场景；大力培育和引进高层次人才，完善收入分配机制，激发创新创造活力。助力聚焦攻克行业关键核心技术，广泛吸纳专业技术人才，有效推动科技成果转化和产业化应用，为河北经济高质量发展提供坚实的科技驱动力；要坚持和加强党对科技工作的全面领导，加强创新体系建设，深化科技体制改革，不断塑造发展新动能、新优势。

02　积极对标国际高标准经贸规则

——高水平制度型开放赋予开放新内涵

高水平制度型开放重点聚焦于“制度”，意味着在规则和标准层面与国际接轨，使国内外企业均依据清晰、透明、公平的规则行事，降低误解与摩擦，增进合作的顺畅性。“高水平”体现在深度与广度，并非局限于特定行业的开放，而是构建起全方位、多层次的开放格局。从文化交流到深度合作的各领域，皆能体现开放带来的便利与效率提升，有力促进要素自由流动，为经济增长持续注入活力。这种开放立足创新与共赢——参与者既是享受者也是创新推动者——在借鉴国际先进经验中推动自身制度升级，同时贡献中国智慧，实现共同进步。总之，高水平制度型开放能够让全球经济活动更高效和谐，彰显中国作为全球经济重要参与者的开放姿态与责任担当。

一、典型案例

开放作为中国式现代化和当代中国的鲜明标识，在我国经济发展中发挥着至关重要的作用。我国已成为众多国家、地区和国际组织的主要贸易伙伴，货物贸易总额位居世界第一，2023 年货物出口国际市场份额显著提升并连续 15 年居全球首位。

在制度型开放方面，我国取得了积极进展。以上海为例，不断深化重点领域体制机制改革，自贸试验区成果丰硕，累计形成 349 项制度创新成果并向全国复制推广。上海自贸试验区积极对接国际高标准规则，构建相衔接的制度体系和监管模式，在多个方面逐步与国际接轨。党的二十届三中全会后，上海全面落实营造一流营商环境的部署要求，以高水平制度型开放推动深层次改革和高质量发展。

进入 2024 年，上海自贸试验区和临港新片区建设就显现出卓著成效，在制度创新成果中贡献突出。上海临港新片区规上工业产值和实际利用外资年均增长迅速，成为经济增长的重要引擎。

上海积极落实自贸试验区高水平制度型开放总体方案，众多措施落地并取得良好效果。例如 2024 年，上海市商务委员会与临港新片区管委会合作

推出的“制度型开放行动计划”，主动对接国际高标准经贸规则，优化营商环境，简化外资企业注册流程，给予外资企业国民待遇以保障公平竞争。各级政府部门为跨国公司提供全方位支持，在土地使用、税收优惠、人才引进等方面提供便利，临港新片区管委会还成立项目协调小组解决问题。

上海自贸试验区和临港新片区建设实践充分展示了高水平制度型开放在促进经济发展、提升国际竞争力方面的巨大作用，也为其他地区提供了可借鉴的经验和模式，有力推动了我国开放型经济的高质量发展。

二、背景情况

制度型开放的发展历程是中国从被动适应国际规则向主动参与甚至引领规则制定转变的体现，展现了中国对外开放从量的增长到质的飞跃，旨在构建一个更加开放、透明、公平的市场环境，推动经济高质量发展，并在全球化进程中发挥积极作用。

制度型开放作为中国对外开放战略的重要组成部分，经历了逐步深化和拓展的过程，其发展历程大致可以概述如下：

自 1978 年改革开放以来，中国逐步对外开放，最初通过设立经济特区、开放沿海城市等方式吸引外资，1986 年申请恢复关贸总协定（GATT）地位，并于 2001 年加入世界贸易组织（WTO），开启了与国际规则接轨的新阶段。在此期间，中国修订完善了多项贸易投资法律法规，降低关税壁垒，扩大市场准入，对外开放逐渐深入到规则和制度层面。2018 年起，中国进一步提出了“制度型开放”概念，强调在规则、规制、管理、标准等方面深化开放，并积极参与全球经济治理，力求在国际规则制定中发挥更大作用。

近年来，通过设立自由贸易试验区、海南自由贸易港、深化“一带一路”倡议等具体措施，中国在金融开放、知识产权保护、营商环境优化等方面取得了显著进展，体现了制度型开放的深度与广度。同时，中国也在努力对标国际高标准经贸规则，如推动负面清单制度、优化外商投资法等，以期实现更高水平的对外开放。

2024 年《政府工作报告》明确提出："主动对接高标准国际经贸规则，稳步扩大制度型开放，增强国内国际两个市场两种资源联动效应"，党的二十届三中全会通过的《中共中央关于进一步全面深化改革　推进中国式现代化的决定》也着重强调"稳步扩大制度型开放"，"主动对接国际高标准经贸规则"，进一步凸显了制度型开放在我国经济改革和发展中的关键地位，为我国的开放之路指明了新的方向。

三、实践探索

上海浦东应改革开放而生，因改革开放而兴。新时代新征程，继续探索更高水平的制度型开放，打造社会主义现代化建设引领区。

（一）加快服务贸易扩大开放

自《全面对接国际高标准经贸规则推进中国（上海）自由贸易试验区高水平制度型开放总体方案》实施以来，上海自贸试验区在金融服务和电信服务领域取得了显著成效。通过一系列政策调整和技术革新，不仅促进了金融市场的国际化进程，还提高了电信服务的质量与竞争力。

1. 金融服务

上海自贸试验区鼓励金融机构和支付服务提供者采用国际先进的电子支付系统标准，开展数字身份跨境认证与电子识别工作。这一举措不仅增强了支付系统的安全性与便捷性，还为引进境外电子支付机构创造了良好的环境。例如，随着政策的放开，支付宝和微信支付等国内领先的第三方支付平台，纷纷与国际信用卡组织 Visa 和 Mastercard 合作，实现了跨境支付服务的无缝对接，极大便利了跨境电子商务的发展。

在此背景下，多家外资金融机构顺利入驻上海自贸试验区，丰富了市场的多样性。例如，渣打银行、汇丰银行等国际知名银行在上海自贸试验区设立了分支机构，不仅为区内企业提供更加多样化的金融服务，还推动了跨境人民币业务的发展。数字人民币试点项目的稳步推进也为探索数字货币在贸易领域的应用积累了宝贵经验。2024 年初，上海自贸试验区内的部分商家开始接受数字人民币支付，覆盖了餐饮、零售、交通等多个行业，为消费者提供了新的支付选择。

同时，上海自贸试验区积极推进金融科技国际合作，为境外设立的基金产品提供了境内投资管理服务，进一步拓宽了跨境资产管理渠道。例如，2024 年第一季度，摩根大通集团旗下的资产管理公司就在上海自贸试验区设立了全资子公司，专注于为中国市场提供专业的资产管理服务。此外，数字人民币试点项目的稳步推进也为探索数字货币在贸易领域的应用积累了宝贵经验。

2. 电信服务

在电信服务领域，上海自贸试验区的基础电信企业提供了更为灵活的服务选项，如移动电话号码携号转网服务，以及进一步完善的移动通信转售业务服务体系。这些措施不仅提升了用户满意度，也促进了市场竞争环境的健康发展。例如，中国联通在上海自贸试验区率先推出了携号转网服务，使得用户可以在不更换手机号码的情况下自由切换运营商，提高了用户的便利性和满意度。

此外，基础电信企业进一步完善了移动通信转售业务服务体系，合理确定了费率，并且不设置歧视性条件。这使得虚拟运营商如阿里通信、小米移动等能够更好地服务于细分市场，满足不同用户群体的需求。随着服务条款的透明化和费率的合理化，上海自贸试验区内的电信市场竞争更加激烈，服务质量得到了明显提升。

（二）提升货物贸易自由化便利化水平

上海自贸试验区通过多项改革措施，提升了货物贸易的自由化和便利化水平。这些改革不仅优化了货物进出口流程，还为企业降低了成本，提高了效率。

1. 特定货物进口

对于符合条件的自境外暂时准许进入上海自贸试验区海关特殊监管区域内的修理货物，实行了保税政策，减轻了企业的资金压力。例如，2024 年上半年，一家位于上海自贸试验区内的航空维修企业就利用了这一政策，成功为一架从新加坡飞来的飞机提供了紧急维修服务，不仅节省了高额的关税，还大幅缩短了维修周期，为客户节约了时间和成本。

在进口葡萄酒和蒸馏酒方面，简化了标签要求，减少了企业负担。例如，上海自贸试验区内的进口商不再需要在每一瓶进口葡萄酒上都印制详细的中文标签，只需在首次进口时提供必要的信息，后续批次则可以简化标签，这不仅降低了进口商的成本，还加快了货物的通关速度。

在医疗器械进口方面，允许销售或供应前在海关特殊监管区域内按规定粘贴中文标签或副标签，既确保了产品质量，也提高了通关效率。例如 2024 年第一季度，一家医疗器械进口商在上海自贸试验区的海关特殊监管区域内完成了首批进口医疗器械的中文标签粘贴工作，使这批器械随后顺利进入中国市场，为患者提供了急需的医疗设备。

2. 商用密码产品管理

商用密码产品管理政策的调整，使得更多不涉及国家安全和社会公共利益的产品得以自由流通。例如，2024 年 4 月，一家专注于企业级数据加密解决方案的公司成功将其产品引入上海自贸试验区，无须经过复杂的审批流程即可在市场上销售。此外，商用密码检测认证体系的建设为产品的合规性提供了有力保障。上海自贸试验区内的检测认证机构，如上海市信息安全测评认证中心，为商用密码产品提供了快速、高效的检测服务，确保了产品的安全性和合规性。

3. 通关便利化

上海自贸试验区通过优化国际中转集拼平台运作模式，吸引了多家全球拼箱企业在区内设立拼箱中心，实现了出口拼箱、国际中转拆拼箱等多业态同场作业，大幅提升了货物处理速度。例如，2024 年 2 月，世界排名第一的集装箱航运公司马士基集团在上海自贸区临港新片区揭牌设立国际中转集拼中心。船公司巨头的布局被视为一个风向标——国际航运界意识到，上海港进一步拓展航运功能、提升国际航运中心能级的成果已显现。

马士基集团开始对上海港航线布局、国际中转集拼运行效率、口岸通关环境等各项因素进行评估，并于 2023 年底在上海港陆续开展国际中转集拼业务流程测单。第一批货柜从高雄港出发，在上海港完成拆箱、集拼，再发往西班牙和捷克两国，较原路径的全程转运时间分别缩短 10 天和 8 天。实际上，上海港的地理位置得天独厚，由于航线更短，在上海港开展同类业务，能帮企业节省约 15% 的成本和 20% 的时间。此外，上海港的箱量带来了规模效应，劳务成本、港口收费、仓库费用等相对更低。叠加政策环境进一步优化，让马士基集团下定决心在临港新片区布局国际中转集拼中心。行业龙头的落子势必带动更多企业跟进，也能为上海开辟更多的新航线。

（三）率先实施高标准数字贸易规则

上海自贸试验区在数据跨境流动、数字技术应用及数据开放共享和治理等方面进行了大胆尝试，为推动数字贸易的发展树立了标杆。

1. 数据跨境流动

临港新片区数据跨境服务中心的成立，标志着上海自贸试验区在构建合法安全便利的数据跨境流动机制方面取得了实质性进展。这不仅为企业提供了便捷的服务通道，也为数据处理者提供了专业化的业务咨询。例如，2024 年 4 月 7 日，全国首个由网信部门和地方政府共同建设运营的数据跨境服务

数据跨境流动示意图

中心——临港新片区数据跨境服务中心启用。临港新片区在率先探索建立合法安全便利的数据跨境流动机制方面又迈出了标志性的一步。中心将致力于为数据处理者提供全方位、全流程数据跨境服务，包括材料受理、业务咨询等环节，在自贸区一线打造数据跨境流动的“绿色通道”。

临港新片区数据跨境服务中心的意义在于，它将原先面向少数的渠道进一步拓宽、面向大众，只要数据处理者有需求，跨境服务中心就会提供材料受理、业务咨询等服务。同步上线试运行的临港新片区数据跨境公共服务管理平台还提供材料在线提交、项目在线申报、结果在线查询等便捷功能，这一系列举措不仅提高了数据跨境流动的效率，还增强了数据的安全性。

2. 数字技术应用

在电子票据应用方面，上海自贸试验区积极推动电子提单、电子仓单的应用，并探索区块链技术在电子提单金融服务应用场景中的潜力。例如，2024 年第一季度，上海港与全球航运商业网络（GSBN）合作，推动电子提单数据在业务链上下游之间的高效流转，与国内外金融机构合作探索建设区块链电子提单金融服务应用场景。在中欧班列上海号上试点铁路电子提单应用，为铁路运单提单化进行积极探索。同时，以上海港进口生鲜为场景，联合金融机构推进电子提单、电子发票等贸易单证的综合应用。

此外，通过加强全面数字化的电子发票管理，增强了电子发票的跨境交互性。例如，2024 年第二季度，上海税务部门与阿里巴巴集团合作，在上海自贸试验区范围内推广电子发票的应用。双方共同开发了一套基于区块链技术的电子发票管理系统，实现了电子发票的实时开具、存储、查验等功能，大幅提高了电子发票的使用效率。这套系统还支持对企业开展电子发票国际标准应用能力培训，帮助企业在国际贸易中更好地应用电子发票。

3. 数据开放共享和治理

上海自贸试验区建立健全了数据共享机制，支持企业依法依规共享数据，促进了大数据的创新应用。例如，2024 年第三季度，上海市政府与腾讯公司合作，共建了一个数据共享平台，旨在推动政务数据与企业数据的融合应用。该平台汇集了政府各部门的数据资源，涵盖了经济、社会、文化等多个领域，并向符合条件的企业开放，帮助企业进行数据分析和决策支持。

政府数据开放范围的扩大，为数据集的开发利用提供了更多可能性。例如，2024 年第四季度，上海市政府发布了最新的开放数据集目录，涵盖了教育、医疗、交通等多个领域的数据资源。这些数据资源不仅可供科研机构免费使用，还支持企业进行商业化开发。例如，一家专注于智慧城市解决方案的初创企业，利用这些数据开发了一款智能交通导航应用，能够实时预测交通拥堵情况，为市民出行提供了便利。

（四）加强知识产权保护

在知识产权保护方面，上海自贸试验区采取了一系列措施，旨在提升商标与地理标志、专利以及行政监管和司法保护的水平。

1. 商标与地理标志

通过加强地理标志产品的保护，明确了商标注册申请的相关规定，确保了权利人的合法权益得到有效维护。例如，2024 年，上海自贸试验区内的知识产权局制定了详细的地理标志产品保护条例，明确规定了地理标志产品的定义、申请流程、保护范围等内容。这一举措不仅保护了传统品牌的价值，还提升了产品的市场竞争力。

2. 专利

专利行政部门在处理发明专利申请时更加透明化，确保了专利申请过程的公正性和效率。例如，2024 年上半年，上海知识产权法院对一起涉及发明专利的案件进行了公开审理，通过网络直播的形式，让公众了解了案件审理的全过程，提高了司法透明度。同时，对新农用化学品的未披露实验数据实施保护，延长了数据保护期。例如，2024 年第一季度，上海自贸试验区内的多家农药生产企业，成功为其新研发的农用化学品申请了专利保护，这些产品不仅具有高效的杀虫效果，还对环境友好，受到了市场的广泛欢迎。

3. 行政监管和司法保护

知识产权局等部门加大了对侵犯知识产权行为的打击力度，特别是在商标侵权、电影作品非法复制以及商业秘密泄露等方面，强化了行政执法监管和司法保护，营造了公平竞争的市场环境。例如，2024 年第二季度，上海警方破获了一起大规模的假冒名牌服装生产销售案件，涉案金额高达数百万元。通过对生产窝点的突击检查，警方缴获了大量的假冒名牌服装并抓获了多名犯罪嫌疑人。这一行动不仅震慑了违法犯罪分子，还有效保护了消费者的权益。

此外，上海自贸试验区还加强了对非应邀商业电子信息的监管，强化监管技术应用和国际合作。例如，2024 年第三季度，上海市政府与国际反垃圾邮件组织合作，共同开发了一套反垃圾邮件系统，这套反垃圾邮件系统能够自动识别并拦截垃圾邮件，保护了用户的邮箱安全。

综上所述，上海自贸试验区通过持续深化改革，不仅在服务贸易、货物贸易、数字贸易等多个领域取得了显著成就，还在知识产权保护方面建立了较为完善的体系。这些实践经验为我国其他地区乃至国际社会提供了宝贵的参考案例。

四、经验启示

对于河北省来说，借鉴上海的经验有助于加快自身的开放步伐，促进经济发展。

首先，制度创新是关键。上海自贸区在金融改革、贸易便利化等方面进行了大胆尝试，如实行负面清单管理模式、简化外资企业设立流程等。河北可以学习上海在这些方面的做法，通过优化营商环境吸引外资，同时鼓励本地企业走出去。

其次，加强区域合作。上海不仅自身发展迅速，还积极与周边地区形成联动效应，共同打造长三角区域一体化发展的新模式。河北可以通过京津冀协同发展机制，加强与北京、天津等地的合作，特别是在产业升级、环境保护等方面共享资源，共谋发展。

再次，注重人才引进与培养。上海自贸区重视吸引国际高端人才，并为他们提供良好的工作生活环境。河北可以借鉴这一经验，制定相应的人才政策，吸引国内外优秀人才参与到河北的建设中来。

最后，推进科技创新也是不可或缺的一环。上海致力于建设具有全球影响力的科技创新中心，河北可以根据自身产业特点，强化产学研结合，鼓励企业增加研发投入，提升自主创新能力。

上海的制度型开放实践为河北提供了宝贵的经验。通过学习和借鉴，河北可以在对外开放的道路上走得更远，实现更高水平的发展。

03 数字与产业携手前行

——河北省推动数字经济与传统产业深度融合

在这个充满活力与创新的时代，数字经济就像一场席卷全球的风暴，正以惊人的速度改变着我们的生活和工作方式。当新一代信息技术全方位全链条地普及应用，那会是怎样一番景象？就如同为我们的生活打开了一扇神奇的大门，获得无限的可能。工业互联网的发展让传统产业焕发出新的生机与活力，而打造具有国际竞争力的数字产业集群就像是组建一支强大的超级战队，将让我们在全球经济的舞台上熠熠生辉。

一、典型案例

在太行山脉腹地，距离河北省邯郸市区约 60 公里的地方是一片新兴热土——河钢集团邯钢新区。这里不仅承载着河北钢铁产业的光荣与梦想，更是传统产业与数字经济双向奔赴的一个生动缩影，是我国钢铁行业转型升级的重要里程碑。

2024 年 6 月邯钢新区的全线投产，不仅代表着生产能力的大幅提升，更意味着生产管理模式的全面革新。时间回溯到2019年初，河北省政府颁布了《河钢集团转型升级规划（2018—2025）》，拉开了邯钢等钢铁企业城市搬迁工作的序幕。这场从传统工业向现代制造业的华丽转身，见证了河北钢铁行业在新时代背景下的迭变。

在邯钢新区的展厅内，一系列创新产品令人瞩目：汽车用高强钢、耐磨钢、管线钢、桥梁钢等，这些都是数字化技术与传统产业深度融合结出的硕果。通过智能化控制技术的应用，邯钢新区实现了对超过300个流程的精确管理，不仅使轧钢工序的能耗降低了50%以上，还将每吨钢材所需的新水量降至2.5立方米。这些令人振奋的数据背后是数字技术赋能传统产业所创造出的奇迹，更是邯钢新区迈向智慧工厂的真实写照。

不仅如此，邯钢新区还积极引入物联网、大数据分析等前沿科技，进一步提升了生产效率和产品质量，为企业的长远发展奠定了坚实的基础。物联网技术的应用使得生产设备之间的互联互通更加顺畅，而大数据分析则帮助管理层作出更为精准的决策。这些技术的应用不仅提高了生产效率，还减少了能源消耗，使得邯钢新区成为高质量发展的典范。

二、背景情况

随着党的二十大对加快建设数字中国作出重要部署，党中央对促进数字经济高质量发展的导向越来越明晰，类似河北钢铁行业这样，越来越多的传统产业开始拥抱数字经济，开启了一场场精彩的转型之旅。在这个时代，不仅展现了传统产业与数字经济相辅相成的美好景象，更为整个社会带来了源源不断的活力与希望。

（一）时代背景

纵观当今时代，新一轮科技革命和产业变革正在深刻影响着世界格局，互联网、大数据、云计算、人工智能、区块链等新兴技术的飞速发展，不仅重塑了全球经济结构，还深刻改变了人们的生产和生活方式。这些技术的广泛应用使得数据成为新的生产要素，推动了信息和知识的快速流动与共享，加速了全球经济的一体化进程。

进入 21 世纪第二个十年，全球数字经济规模不断扩大，据国际电信联盟（ITU）和世界经济论坛（WEF）的数据，数字经济已成为全球经济的重要组成部分。在全球范围内，互联网用户数量持续攀升，数字化技术的应用已经渗透到生活的方方面面，从个人娱乐到商业运营，再到社会治理，无处不在。例如，智能手机和平板电脑等移动设备的普及，使得移动支付、在线购物、远程办公等新型生活方式成为常态。云计算技术的成熟为企业提供了强大的计算能力和存储资源，极大地降低了企业信息化的成本门槛。人工智能技术的进步，推动了自动驾驶、智能家居、智慧医疗等一系列前沿应用的发展，提升了社会生产力和服务水平。

在国内，随着信息技术的广泛应用，数字经济已经成为推动经济增长的重要力量。根据中国信息通信研究院发布的《中国数字经济发展白皮书》显示，近年来，中国数字经济规模持续扩大，对国民经济的贡献度不断提升。从消费互联网到产业互联网，从电子商务到金融科技，从智能制造到智慧城市，数字经济的触角已经深入到各个领域。特别是在抗击新冠疫情的过程中，数字经济展现出其独特优势，远程医疗、在线教育、无人配送等新业态新模式迅速崛起，为社会发展提供了有力支撑。

（二）政策背景

党中央对数字经济的重视由来已久。特别是党的十八大以来，党中央深刻认识到数字经济的战略重要性，将其作为推动经济社会发展的新动力和新引擎。习近平总书记多次强调，要加快发展数字经济，推动互联网、大数据、人工智能与实体经济深度融合，培育新增长点，形成新动能。

2024 年的《政府工作报告》强调指出："深入推进数字经济创新发展。

制定支持数字经济高质量发展政策，积极推进数字产业化、产业数字化，促进数字技术和实体经济深度融合。深化大数据、人工智能等研发应用，开展'人工智能+'行动，打造具有国际竞争力的数字产业集群。实施制造业数字化转型行动，加快工业互联网规模化应用，推进服务业数字化，建设智慧城市、数字乡村。深入开展中小企业数字化赋能专项行动。支持平台企业在促进创新、增加就业、国际竞争中大显身手。健全数据基础制度，大力推动数据开发开放和流通使用。适度超前建设数字基础设施，加快形成全国一体化算力体系，培育算力产业生态。我们要以广泛深刻的数字变革，赋能经济发展、丰富人民生活、提升社会治理现代化水平。"

党的二十届三中全会通过的《决定》中又进一步强调："加快构建促进

数字经济发展体制机制，完善促进数字产业化和产业数字化政策体系。”

随着国家战略的持续推动，各地政府也在积极落实中央部署，出台了一系列政策措施，旨在推动数字经济的全面发展。例如，《河北省信息化与工业化深度融合发展“十四五”规划》提出了到 2025 年，全省信息化与工业化深度融合水平显著提升的目标，明确了一系列具体措施，包括加强信息基础设施建设、推动制造业数字化转型、促进数字技术与传统产业深度融合等。这些政策的出台，为河北乃至全国数字经济的发展提供了强有力的支撑。

总的来看，党和国家通过一系列政策措施，为数字经济的发展创造了良好的外部环境。无论是从宏观层面的战略规划，还是具体层面的实施细节，都充分体现了党和国家对数字经济发展的高度重视。随着政策红利的逐步释放，数字经济有望成为中国乃至全球经济发展的新增长点，为推动经济社会高质量发展注入新动力。

三、实践探索

河北正迎着数字时代的发展浪潮，乘风破浪，扬帆远航。从石家庄的高新技术园区到唐山的智能化工厂，从张家口的绿色数据中心到秦皇岛的数字化旅游体验，数字经济在这片土地上生根发芽，茁壮成长。

河北的数字经济发展不仅仅是抽象的数据增长，它体现在工厂中机器人那精准而高效的作业，体现在智慧物流网络中货物的迅速流转，也体现在通过 VR 技术让文化遗产“活”起来，使那些古老的故事栩栩如生地展现在人们眼前。这些变化不仅使得河北的经济发展模式更加多元化，而且为河北在新时代的画卷上勾勒出亮丽的数字蓝图。

可以说，河北的数字经济发展故事，是科技创新与实体经济深度融合的真实写照，其中不可或缺的是政府顶层设计、数字基础设施深度铺设等因素，主要表现在以下 3 个方面。

（一）数字基础设施：夯实数字经济发展的基石

河北省在推动产业数字化与数字产业化的过程中，注重从顶层设计出发，构建了完整的政策框架体系。在5G网络的深度覆盖方面，通过一系列先行先试的措施，不仅实现了5G网络在社区、企业和室内的广泛接入，还成功推进了交通系统中的5G信号全覆盖，并在制造业、医疗、工业园区等多个垂直领域部署了5G行业虚拟专网。这一过程表明，只有当技术与应用场景紧密结合，才能真正发挥信息技术的优势，推动各行各业的转型升级。

与此同时，千兆光纤网络的建设也取得了显著成果。通过对“千兆城市”和双千兆园区的创建和评价机制的应用，不仅推动了千兆光纤网在钢铁、石化、汽车制造、医药等重工业领域的创新应用，还实现了万兆级别的网络接入企业与园区。这表明，随着信息技术的不断进步，基础设施建设的重要性日益凸显，成为支撑数字经济发展的基石。

IPv6的升级改造是另一项重要工作。通过完成省内云服务平台、内容分发网络（CDN）、数据中心、域名解析系统的IPv6改造，并推动终端设备的IPv6升级，河北省积极探索IPv6与5G、工业互联网、车联网等领域的融合应用。这一系列举措不仅提升了网络性能，也为未来的技术迭代奠定了坚实基础。

此外，互联网网络架构的优化与卫星互联网建设也是不可忽视的一环。雄安国际互联网数据专用通道的建设和国家互联网骨干直联点的取得，以及连接长三角、粤港澳等区域主要城市的直达链路的建设，极大提升了区域内外的信息流通效率。河北省通过打造全国一体化算力网络京津冀国家枢纽节点，不仅形成了强大的算力规模，还促进了数据中心与可再生能源的协同发展。一个个算力基础设施，如张家口数据中心集群的成功运行，以及中国电信怀来智慧云基地、中国联通算力高效调度示范、中国移动京津冀（张家口）数据中心等项目的顺利推进，体现了河北省在计算领域的前瞻性布局，这些平台为区域发展提供了强大的算力支撑。

（二）强调顶层设计：以政策保障合力推动产业发展

在这些数字基础设施建设中，特别是关键技术攻关及转化方面，河北省通过“揭榜挂帅”等方式，全面加强顶层设计，加大政企协作力度，组织了多项技术攻关项目，特别是在半导体材料、专用集成电路、新型显示、智能传感器等前沿领域，取得了突破性进展。中电科13所高可靠固态功率放大器、中电科54所卫星互联网宽带终端基带芯片等项目的成功实施，不仅增强了区域内相关产业的技术实力，还带动了上下游产业链的整体升级。创新中提质增效，为信息智能领域省级以上创新平台的数量增加至200个以上奠定了坚实基础。

产业集群的壮大与发展同样是河北省政策支持的重点。石家庄信息产业集群、张家口大数据产业集群、廊坊电子信息产业集群以及秦皇岛软件及电子器件产业集群的建设，不仅完善了半导体材料、集成电路、卫星互联网等产业链条，还推动了重大项目的落地生根。通过发展大数据、新型显示、软件与信息服务、数字创意等产业，河北省实现了大数据中心由存储型向算力型的转变，形成了完整的产业链条。

数字化市场主体的培育则成为推动产业数字化转型的重要力量。通过引进培育一批具有竞争力的数字化企业，河北省支持本土企业做大做强，吸引了国内外知名企业在本省设立独立法人子公司。这一系列举措不仅壮大了数字化企业的队伍，还为河北经济注入了新活力。

（三）打造数字平台：以创新引领未来方向

如同河钢集团邯钢新区以数字赋能传统行业，这种方式是河北转型发展的重要一环。其中以人工智能为代表的一批高端数字基础设施建设，为类似河钢的河北传统支柱产业转型提供了广泛空间和充足动力。雄安城市计算中心、雄安（衡水）先进超算中心、廊坊人工智能计算中心等重点项目的落地，不仅为自动化生产、车联网、智慧医疗、数字创意等行业提供了多场景的控制操作模拟训练平台，还依托骨干高校和人工智能优势企业，建设了一系列服务于技术研发和产业孵化的基础平台。这些平台在推动人工智能与5G、超高清视频、VR/AR（虚拟现实/增强现实）、集成电路、车联网等重点领域的融合应用创新方面发挥了重要作用。另一方面，通过这些数字技术携手实体经济，也让新兴产业发展的脚步更加沉稳坚实。

融合基础设施智能化改造是河北省在智慧城市建设方面的又一亮点。无论是智慧公路、智慧港口还是智慧民航等新型基础设施建设试点，都取得了实质性的进展。京哈高速智能化建设项目、黄骅港智慧港口以及雄安数字道路等重点项目的实施，不仅提升了基础设施的智能化水平，还为仓储设施的智能化改造提供了宝贵经验。通过打造国家智慧物流骨干网络节点，建设唐山港多式联运、衡水国际陆港、太行国际“一带一路”智慧物流产业园等示范项目，河北省在推进新型智慧城市基础设施建设方面走在了前列。

四、经验启示

河北在推进产业数字化与数字产业化的过程中展现出了前瞻性的战略眼光与务实的执行能力，在产业数字化与数字产业化方面进行了多维度、多层次的实践探索，积累了丰富的经验。这些实践不仅推动了区域内经济社会的高质量发展，也提供了诸多有益启示。

首先，通过政府与企业的紧密合作，河北构建了一个有利于创新发展的生态系统，证明了良好的政企关系对于推动产业升级的重要性。

其次，河北注重产业协同发展，强调不同产业间的互补联动，为实现资源的高效配置与综合利用提供了范例。

最后，河北坚持创新驱动发展战略，不仅促进了传统产业的转型升级，还催生了一批新兴业态，展示了科技与实体经济深度融合的巨大潜力。

04　提升社会精神文明程度

——河北省开展“双争”活动的实践

“我是文明市民，要为城市争光；我是燕赵儿女，要为河北争气”活动（以下简称“双争”活动），是河北省着眼深入推进物质文明和精神文明协调发展，全面提升居民文明素质和社会文明程度的务实之举。按照河北省委、省文明委的有关部署要求，“双争”活动在燕赵大地扎实开展并深入推进，呈现出良好发展态势。

一、典型案例

秦皇岛市海港区以“双争”活动为主要抓手，深入落实省、市“双争”活动部署，扎实开展典型培树、志愿关爱、文体活动、文明创建、诚信守法等多项专项行动，积极探索提升社会精神文明程度有效路径，不断激励市民明德崇善、向美而行，为海港区高质量跨越式发展提供精神滋养和文明力量。

（一）以典型培树引领看齐争先，营造崇德向善社会氛围

大力选树各行各业先进典型，发挥示范引领作用，深化道德模范、时代楷模、身边好人、新时代好少年等先进典型选树宣传，在全社会广泛营造学习先进、崇尚先进、争做先进的浓厚氛围，不断用榜样精神浸润人心，引领人们向上向善。

1. 层层推荐评选

持续开展身边好人推选活动，自下而上广泛发动，层层选树文明市民。2023年以来，共组织开展“文明市民”评选活动4批次，评选“文明市民典范”360名。其中，66人获评市级“文明市民典范”，15人入选“河北好人榜”，2人入选“中国好人榜”，1人入选全国“新时代好少年”，1人当选全国道德模范。8月15日，中央精神文明建设办公室、教育部、共青团中央、全国妇联、中国关工委联合发布了2024年全国“新时代好少年”先进事迹，秦皇岛市第七中学学生骆文锴入选，成为秦皇岛市首个上榜全国“新时代好少年”的青少年。

2. 大力宣传学习

举办“榜样点亮海港——第十一届感动港城·平民偶像暨最美海港人发布”活动，对11名道德模范和36名最美海港人事迹进行发布。举办“‘双争’有我·365百姓故事汇”集中展示，通过线上线下相结合的方式，深入宣讲，广泛宣传，推进社会主义核心价值观建设在各行业、各领域落地生根、发扬光大。承办2023年5月“‘双争’有我·河北好人发布暨道德模范和身边好人事迹交流活动”；拍摄“榜样之光——‘双争’有我”系列公益人物事迹短片10部。组建由150名文明市民、身边好人参加的道德模范宣讲团深入农村、社区、学校、企业、军营开展主题宣讲活动200余场次，有力营造学习先进、崇尚先进、争当先进的浓厚氛围。

3. 开展礼遇帮扶

制定《海港区道德模范等先进典型礼遇帮扶实施办法》，帮扶慰问、礼

遇优待，先后组织开展了“3·5学雷锋　鲜花送模范”，邀请各级先进典型参加元旦春节团拜会、庆祝新中国成立75周年文艺晚会等礼遇活动，让有德者有得、好人有好报的社会价值导向深入人心。

（二）以文明实践传递志愿关爱，提升“双争”活动温度、广度

依托全区389个新时代文明实践中心（所、站）、107家学雷锋志愿服务阵地，广泛开展邻里守望、孝老敬老等文明实践志愿服务活动2.2万场次，服务群众43万余人次，引导广大群众在服务社会、奉献自我中彰显爱心善意和责任担当。2023年以来，全区新增注册志愿者2.5万人，志愿服务组织120个，随处可见的“志愿红”如同跳动的火焰，用一个个生动的文明实践，为城市“增色”的同时，自身也成了一道亮丽的风景线。

1. 对接群众需求，精准服务群众

举办“‘双争’有我·暖冬系列志愿服务”公益大集，组织90余支志愿服务团队设置摊位100多个，现场为群众提供理论宣讲、科技科普、健康义诊等40项特色公益服务。开展“学雷锋·文明实践我行动”主题活动，全区70余支志愿服务团队结合实际开展理论宣讲、环境清洁、植树造林、公益献爱心等多种形式的志愿服务活动。

2. 聚焦特殊群体，传递社会温暖

培育扶持“幸福来敲门——一老一小帮扶计划”公益项目、“小电影，大世界”残疾人常态化观影项目等19个新时代文明实践服务项目。扎实开展“爱心敲门　情暖万家”巾帼志愿阳光行动，组织妇女志愿者为行动不便的老人提供爱心服务；开展“清凉驿站”活动，为环卫工人提供乘凉、休息和凉饮服务；开展“寸草心爱老敬老志愿行动”，组织嘉年华旅游公司等7家爱心企业和党义学雷锋公益服务中心等13家志愿者团体，为辖区老人提供爱心敲门、爱心陪伴等志愿服务活动，不断传递政府和社会的温暖。

3. 关爱未成年人，助力健康成长

围绕红色教育、国情教育等 8 个主题，扎实开展“双争”红领巾文明实践教育活动，不断激发广大未成年人爱党、爱国、爱家乡的情感。面向留守儿童开展“‘双争’圆梦微心愿　筑梦新未来”关爱特殊群体未成年人主题活动，帮助 160 名小学生圆梦微心愿。创新实施心理健康“连心桥”公益服务项目，通过“一热线、一专栏、一信箱、一咨询室、一行动”的“五个一”载体，打造独具特色的公益服务项目品牌，受到广大青少年的欢迎。

（三）以特色活动激活文明细胞，展现群众昂扬向上精神风貌

将群众文化活动与“双争”活动深度融合，常态化组织开展“双争”有我系列品牌文体活动 1 500 余场次，以市民群众为活动主角，广泛搭建“舞台”，不断激活城市文明细胞，展示群众昂扬向上精神风貌。

1. 以“双争”主题文体活动为载体，展示向上向善文明新风尚

围绕“‘双争’有我 · 活力河北”主题，开展秦皇岛第十届龙舟大赛、海港区全民健身联赛、海港区全民健身竞赛和环长城登山活动、海港区村 BA 篮球联赛等各类体育赛事 206 场次；围绕“‘双争’有我 · 书香河北”主题，开展“秦皇山海经典诗歌艺术朗诵会”、海子诗歌音乐会、首届女子诗书画作品展等文化活动 120 余场次；围绕“‘双争’有我 · 唱响河北”主题，开展海港区职工群众歌咏活动、海港区“四季村晚”、沙滩音乐季文艺演出等文化活动 650 余场次；围绕“‘双争’有我 · 舞动河北”主题，组织“舞动海港”主题宣传活动、“万人共跳一支舞”全民健身操大赛等活动 190 余场次；围绕“‘双争’有我 · 画说河北”主题，开展“爱我中华　修我长城”题词 40 周年暨海港区长城保护图片展、“丹青绘盛世 · 同心谱华章”——庆祝中华人民共和国成立 75 周年书画摄影展、“千人书写”赞颂祖国等活动 320 余项。

2. 以基层文化惠民活动为依托，激发争光争气的昂扬状态

以“学习新思想　传颂文明风”为主题，在旅游旺季开展“彩色周末　百姓舞台”文艺演出，以文艺形式倡导文明新风，展示“双争”成果，现场和网络参与群众累计150余万人次。组织“海港文艺轻骑兵”文艺宣讲团和25支文艺小分队，利用旅游旺季、农闲、集市和传统节日，深入农村、社区、景区，以“小群多点”的方式开展形式多样的文化活动。举办“四季村晚”“七进”文化惠民演出等文艺演出，让“百姓舞台”成为群众自娱自乐、展示自身才艺的主阵地。

3. 以“我们的节日”为主题，激发爱党、爱国、爱家情怀

在城市社区、农村爱心小院、广场公园等开展“我在新时代文明实践中心过春节”“我们的节日——端午”“我们的节日——七夕”等系列活动，通过经典诵读、节日民俗、文化娱乐和体育健身等多种形式，让传统节日文化走进人们的日常生活，浸润人们的精神世界，让文明实践凝聚合力，让移风易俗常态长效。

二、背景情况

2022年4月，习近平总书记在海南考察时强调，越是深化改革、扩大开放，越要加强精神文明建设。要持之以恒抓好理想信念教育，培育和弘扬社会主义核心价值观，广泛开展群众性精神文明创建活动，不断提升人民文明素养和社会文明程度。要加强诚信建设，倡导遵纪守法、诚实守信的社会风尚。党的二十届三中全会强调“中国式现代化是物质文明和精神文明相协调的现代化”，要求“改进创新文明培育、文明实践、文明创建工作机制。实施文明乡风建设工程”，深刻领悟习近平总书记关于精神文明建设的重要论述，为进一步指导具体工作实践指明了前进方向。

在河北省全面深化改革不断开创新局面的形势下，从2022年始，省文

明办创新组织开展“我是文明市民、要为城市争光，我是燕赵儿女、要为河北争气”活动，进一步提升市民文明素质和社会文明程度，激发干部群众解放思想、奋发进取，成为打造中国式现代化河北精神文明场景的一个重要抓手。

“双争”活动开展以来，河北省各级各部门坚持政治引领，突出思想内涵，立足群众主体，把开展“双争”活动作为精神文明建设工作的总抓手，谋划了特色亮点活动、推动“双争”活动有声有色、遍地开花，不仅提振了全省人民奋发向上的精气神，优化了高质量发展的社会环境，公民道德素质和社会文明程度的“双提升”，还使“文明河北”的底色愈加鲜明，为加快建设经济强省、美丽河北，奋力谱写中国式现代化建设河北篇章贡献了精神力量。

河北省“双争”活动不断走深走实。制发《关于深入推进“双争”活动的方案》，明确“五项”重点举措，建立重点任务工作台账，定期进行调度，强化融合联动，推动各地各单位扎实深入开展“双争”活动。举办全省“双争”活动擂台赛首场比赛，引导推动各地举办各种形式的擂台赛，通过比赛观摩，促进相互交流、学习提升，“争光争气、比学赶超”氛围更加浓厚。中宣部《宣传工作》2024 年第 1 期刊登了河北省“双争”活动做法。

（一）争光争气典型持续涌现

层层选树文明市民（标兵）2 600 多名，择优向中央文明办推荐 2024 年第一、二季度“中国好人”候选人 24 名，5 人荣登“中国好人榜”（二季度尚未发布）。全国道德模范、“感动中国”人物吕保民受邀出席 2024 年央视春晚。通过“‘双争’有我 · 365 百姓故事汇”、先进典型基层宣讲等多种形式，讲好先进典型争光争气的故事，引导人们崇德向善、见贤思齐。依托省级新媒体平台“双争”光荣榜宣传 180 名先进典型，总阅读量超 8 000 万人次。

（二）群众参与热情不断提升

以“‘双争’有我”为主题，在城乡广泛开展舞动河北、唱响河北、画说河北、书香河北、活力河北等文体赛事活动 1 500 余场次，参与群众达 400 余万人次。开展“‘双争’有我 · 咱村的那些事儿”村规民约故事讲述活动 4 100 多场次，参与群众超 10 万人次。组织“‘双争’有我 · 百场儿童剧进校园”活动，演出 34 场，惠及中小学生 3 万余人。在春节、元宵节、清明节、端午节等传统节日期间，广泛开展“‘双争’有我”主题活动，春节、元宵节期间开展“赏年画、过大年”系列活动，清明节期间联合省民政厅发布文明祭扫倡议，举办“‘双争’有我——我们的节日 · 端午”主题文化活动，新华社、百度视频、冀时客户端同步直播总播放量超 600 万；开展“网络中国节”系列主题活动，创作各类融媒作品 3.1 万个（篇），总阅读量达 8.4 亿次，取得良好社会效果。

（三）行业新风持续弘扬

以加强职业道德建设为重点，推动各行业系统以“双争”活动弘扬行业新风。河北省委、省直工委以“四强”党支部创建、对上联建等抓手推动党员干部争光争气。政法系统突出抓好警示教育、思想道德教育、党纪国法教育，各地公安机关召开警示剖析会 1 848 次，剖析案例 3 544 个，严肃了警纪警风。省数据和政务服务局依托“12345 热线”设立民营企业投诉服务中心，实现企业诉求一键直达、精准回应完善服务功能，提升了政务服务水平。省总工会组织开展全省职工职业技能大赛，弘扬了劳动精神、工匠精神。持续开展文明餐桌、文明旅游、文明交通、文明观演观赛、文明养犬等文明风尚行动，不断加大宣传力度，引导人们讲文明、树新风。

（四）清朗网络空间打造持续推进

聚焦“双争”主题，深入实施争做燕赵好网民工程，深化网民素养教育，引导人们文明办网、文明用网、文明上网。深入开展“清朗·燕赵净网”网络生态治理专项行动，1—5月累计处置淫秽色情、游戏赌博等各类违法和不良信息9.53万余条，查处严重扰乱互联网信息传播秩序、破坏网络生态的违法违规网站428家，营造了清朗的网络环境。发挥好各级文明网矩阵作用，积极向中国文明网报送优质信息，河北省每月报送数量均居全国第一，采用刊发50余篇，位居全国前列。在中国文明网举办的“文明网办网管网业务研讨班”上做典型发言，省文明办获评2023年度“文明网工作先进单位”，河北文明网获评“优秀地方文明网站”，“‘双争’有我 家风传承”网络专题获评“融合传播优秀案例”，获奖数量位居全国前列。

（五）活动宣传氛围浓厚

围绕书香河北、文明实践、移风易俗，组织《河北日报》刊发3个“双争”活动专版，各级各类媒体刊发“双争”活动相关稿件1.7万多篇，网络阅读量超千万。省广电局启动“双争”主题公益广告征集活动，继续实施全省电视用户“双争”开机公益宣传，确保2 000万用户全覆盖。河北省广播电视台制作推出30多条“双争”公益宣传片，网络浏览量超百万，进一步营造了浓厚活动氛围。

三、实践探索

“双争”活动开展以来，全省各级各部门坚持政治引领，突出思想内涵，立足群众主体，深入推进“四个倡导”“五个强化”，社会文明程度和公民文明素养进一步提升，“双争”活动取得扎实成效。

（一）造声势，营造“双争”浓厚氛围

宣传部门利用新闻宣传、社会宣传、公益宣传等各类宣传平台进行内外

联动、立体传播，壮大主流声音。依托新时代文明实践中心、融媒体中心、“两微一端”平台，开设“‘双争’进行时”“‘双争’有我”等专栏，常态开设“双争”光荣榜，宣传各级各地区各部门深化“双争”活动的经验做法、进展成效和先进典型，引领群众投身“双争”活动；在城市主次干道、广场公园、桥梁站亭、景区景点、镇街村居等公共场所广泛设置主题公益广告和宣传标语，在城乡街区 LED 大屏、单位电子屏幕刊播“双争”口号，形成社会面随处可见的浓厚氛围；精心制作推出“双争”主题的电视开机动画、“双争”公益宣传片，并面向“快递小哥”、志愿者免费发放“双争”主题马甲、文化衫等，打造流动风景线，推进“双争”活动走深走实。

（二）树典型，发挥引领示范作用

“双争”典型应充分发挥示范作用，多层面、多角度唱响主旋律、弘扬正能量，潜移默化引导全省广大群众树立“双争”意识。各地制发了《“文明市民”评选工作方案》，面向全社会开展形式多样的先进典型评选活动，扩充道德领域先进典型蓄水池，定期评选发布文明标兵、最美人物、优秀志愿者、新时代好少年等先进典型，选树出一批各行各业叫得响的文明典型，基本形成常态化、多层次、多领域推选机制。组织开展“文明我积攒”网民互动、文明随手拍作品征集等活动，汇聚文明力量，引领美好生活。深化拓展新时代文明实践内涵，举办“‘双争’有我 · 365 百姓故事汇宣讲暨典型人物基层巡讲”活动，发挥各行各业先进典型、模范人物的示范引领作用，培育时代新风新貌；举办“‘双争’有我 · 文明村镇燕赵行”活动，多形式展现农村在“双争”中涌现出的先进典型及成果，持续深化文明村镇创建；组建文明市民志愿服务队、乡风文明示范宣传队，常态化开展理论宣讲、科普教育、文化文艺、便民惠民等志愿服务，将先进典型的影响力转化为点亮社会的“志愿红”，发挥示范引领作用，让“人人都是志愿者、人人争当志愿者”蔚然成风。

（三）抓活动，积极搭建参与平台

以群众喜闻乐见的形式，全力打造接地气、聚人气、有生气、冒热气的文明实践活动，突出发挥群众智慧，推动“‘双争’有我”理念深入人心，着力激发爱党爱国爱家乡热情，凝聚奋发奋斗奋进力量。大力实施文化惠民工程，深化拓展“双争”有我——舞动河北、唱响河北、画说河北、书香河北、活力河北等群众性文体赛事活动，展现全省人民昂扬向上的精神风貌，让“双争”活动热在基层。举办“‘双争’有我·咱村的那些事儿”村规民约故事讲述活动暨“双争”擂台赛，进一步破除大操大办、高价彩礼、薄养厚葬、铺张浪费等陈规陋习，持续深入弘扬文明乡风、良好家风、淳朴民风；常态化开展“四季村晚”惠民演出，让群众在家门口享受文化大餐。“我们

的节日”主题活动丰富多彩，开展“‘双争’有我　缅怀先烈”“我们的节日·端午”等系列主题活动、“‘双争’有我　礼敬祖国——2024年河北省‘向国旗敬礼’”网络文明传播活动等，厚植家国情怀、增强文化自信、激发信心斗志，凝聚团结奋进的强大精神动力。为深化未成年人思想道德教育，开展“扣好人生第一粒扣子”等主题教育实践活动，引导广大青少年从小感党恩、听党话、跟党走。

（四）强融合，全面汇聚各方力量

突出整体效能，将“双争”活动与各项工作、各方力量有机融合，形成了全民参与的强大合力。各地建立了由文明委统筹指导、文明委成员单位具体负责、市县两级文明办协调联动的工作机制，构建了齐抓共管、协同推进的工作格局。网信、公安、商务、文旅、行政审批等各行业部门深化精神文明创建，开展“文明引导、文明示范、文明交通、文明经营、文明旅游、文明服务、文明上网、文明实践、文明守法、文明餐桌”十项活动，推动《文明行为促进条例》落地实施，确保“双争”活动取得实效；社会各界积极参与，文联、科协、妇联等部门围绕民生实事、城市治理、热心公益、乡村振兴、科技创新、平安建设组织开展了帮扶解困、文艺展播等活动，激发群众的家乡自豪感，各行各业已成为提升社会文明程度、为城市争光争气的共同力量。

四、经验启示

活动开展以来，全省各地广大干部、群众团结奋进的精气神更足，高质量发展的社会环境不断优化，公民道德素质和社会文明程度实现“双提升”，“文明河北”的底色愈加鲜明。

（一）坚持“引领做”，在服务大局中抓落实

对工作的认识程度不同，执行效果也会有很大差异。“双争”活动是在河北省委主要领导的高度重视下谋划启动的，是在服务河北发展大局中对标中央精神和河北省委要求开展的。全省各地结合本地本部门工作实际与服务大局的同频共振中主动谋划，强引领、抓特色、亮品牌、树典型，推动“双争”活动落地见效。只有把本地实际同中央要求结合起来，在强化政治引领和服务发展大局中进行谋划和部署，“双争”活动才能取得实实在在的成效。

（二）坚持“结合做”，在回应诉求中聚民力

“双争”活动不仅关系到经济社会发展、社会和谐稳定，也关系到群众的切身利益，特别是随着物质生活的极大丰富，人民群众对文明风尚、社会环境和美好生活诉求有了更高要求。“双争”活动正是着眼于为了谁、依靠谁、我是谁，始终坚持群众路线和“为民利民惠民”原则，积极开展群众性文化赛事和文明实践活动，以“小切口”解决“大民生”，在满足群众多元诉求的同时传递聚民心正能量。与此同时，各地还将“双争”活动与精神文明“五大创建”深度融合，着力打造廉洁高效的政务环境、公平诚信的市场环境、安全稳定的社会环境，引导群众在共同参与和共建共享中提升社会文明程度，广泛汇聚向上向善的奋进力量。

（三）坚持“创新做”，在强化主体中增活力

人民群众是“双争”活动的主体，不断激发群众主体意识和创新潜能，才能使“双争”活动增动力、添活力。在“双争”活动中，着力创新活动理念，持续开展“文化进万家”“舞动河北”“唱响河北”“村规民约故事讲述擂台赛”等系列群众性文化赛事活动，让广大群众在参与中“唱主角”，以赛促干，凝聚奋发奋进力量；着力创新活动载体，打造“文明我集赞”“有事好商量”等特色鲜明的文明实践活动，强化群众“双争”意识，提升文明

素养，弘扬时代新风；着力创新活动手段，利用融媒体平台宣传矩阵及“云”平台提升“双争”传播速度和广度，实现网上网下相互支撑的舆论态势，更好地引导和传播新时代文明实践好声音；着力创新活动机制，从组织协调、活动开展到督导检查、激励约束，探索并形成了一套行之有效的新机制。这些创新，为“双争”活动注入了新活力，提供了新动力。

（四）坚持“持续做”，在实干笃行中建新功

开展“双争”活动、提升社会文明程度、引领时代新风，是一个长期的过程，需要真抓实干，久久为功。河北省“双争”活动之所以能够站在文明的高岗上全面开花、走深走实，就在于省文明委与全省各地各单位坚持不懈、持续推进“双争”活动有序开展，并形成了品牌特色，受到群众欢迎。常态化开展“文明市民（标兵）”、道德模范、“河北好人”等评选活动，燕赵大地道德领域群星璀璨，崇德向善氛围日渐浓厚；群众性文化赛事活动火热开展，点燃了干部群众干事创业的激情和比学赶超的干劲；廊坊市以举办经洽会为契机，全面启动“双争促文明　助力廊洽会”系列主题活动，动员广大干部群众广泛参与迎接廊坊经洽会系列活动，让“争光争气”成为全市人民的共同行动；坚持问题导向，持续优化发展环境，为群众排忧解难，减少不文明行为发生，助力各行各业文明服务提质增效。正是这种持续坚持和实干笃行，才推动“双争”活动不断走深走实，引导全省人民以更加饱满的热情、昂扬的斗志、务实的作风奋发进取，推动各项工作高质量发展，为奋力谱写中国式现代化建设河北篇章再建新功。

05　深化文化体制改革

——浙江发展社会主义先进文化的探索和实践

“政治是骨骼，经济是血肉，文化是灵魂。”世纪之交，时任浙江省委书记的习近平同志敏锐感知文化对于经济社会发展的独特作用，把“加快建

设文化大省”纳入“八八战略”总布局。经过20多年的发展，浙江文化建设加速推进，与经济发展、社会进步相得益彰，成为当前学习贯彻党的二十届三中全会精神、深化文化体制机制改革、发展社会主义先进文化、推动文化高质量发展、建设社会主义文化强国的实践范例。

一、典型案例

作为中华文明的重要发祥地之一，浙江拥有“万年上山、五千年良渚、千年宋韵、百年红船”的厚重历史，古迹遗存、文献典籍等文化资源更是灿若星辰。2003年7月，时任浙江省委书记的习近平在“八八战略”中提出，要“进一步发挥浙江的人文优势，积极推进科教兴省、人才强省，加快建设文化大省”，把加快建设文化大省纳入“八八战略”大布局中予以谋划和部署，提出浙江文化建设的顶层设计，体现出对发展社会主义先进文化的高度自觉。近年来，浙江坚定不移沿着习近平总书记指引的道路，忠实践行“八八战略”，围绕“三个力”和“八项工程”的战略擘画（“三个力”即增强先进文化的凝聚力、解放和发展文化生产力、提高社会公共服务力，“八项工程”即文明素质工程、文化精品工程、文化研究工程、文化保护工程、文化产业促进工程、文化阵地工程、文化传播和文化人才工程）展开，着重从根本上增强人民的精神力量，充分发挥社会主义先进文化的价值引领力、思想凝聚力和精神支撑力，以精神文明发展增强物质文明建设内在动能，坚定不移推动高质量发展，截至2023年，文化产业增加值从2003年的442亿元增长至5 245亿元，GDP占比从2003年的3.8%增长至6.95%，培育了华策影视、横店影视、大丰实业、宋城演艺等一大批优秀民营文化企业，建成“15分钟品质文化生活圈”8 000多个，成为全国文明城市设区市“满堂红”的首个省份等，文化建设成果看得见，摸得着。2024年是“八八战略”实施21年，也是实现“十四五”规划目标任务的关键一年，党的二十届三中全会通过了

《中共中央关于进一步全面深化改革　推进中国式现代化的决定》，作出“深化文化体制机制改革”的战略部署。在新的起点上，浙江坚持抓住新一轮全面深化文化体制机制改革的机遇，把深厚的文化底蕴与当今时代精神相结合，推动“八八战略”走深走实，持续激发了文化创新创造活力，为不断推动文化建设跃上新台阶、建设社会主义文化强国贡献了智慧，提供了重要经验。

二、背景情况

当前，我国迈上全面建设社会主义现代化国家新征程，处于推进社会主义文化强国建设、创造光耀时代光耀世界的中华文化的关键时期，党的二十大提出到2035年建成文化强国、国家文化软实力显著增强的目标任务，作出推进文化自信自强、铸就社会主义文化新辉煌的重大部署。党的二十届三中全会通过的《决定》围绕建设文化强国作出的具体部署，强调“聚焦建设社会主义文化强国，坚持马克思主义在意识形态领域指导地位的根本制度，健全文化事业、文化产业发展体制机制，推动文化繁荣，丰富人民精神文化生活，提升国家文化软实力和中华文化影响力”，指明了文化领域深化改革的前进方向，明确了深化文化体制机制改革的重点任务和具体举措。为推动浙江省实现高质量发展，发挥其在建设共同富裕示范区中的作用，应创造性地贯彻“八八战略”，解决社会主义先进文化发展过程中出现的同社会事业发展与经济发展不相适应，文化建设与人民群众日益增长的精神文化需求不相适应，文化建设与经济全球化、世界多极化、社会信息化和文化多样化的客观现实和发展趋势不相适应，文化建设在城乡之间区域之间不够协调等问题。

从现实基础来看，浙江历届省委坚持一张蓝图绘到底、一任接着一任干，建设文化大省、文化浙江，持续写好文化建设“八项工程”这篇大文章。党的创新理论铸魂溯源走心工程不断深化，创建了习近平新时代中国特色社会主义思想研究中心，对后续成果产生重大影响；浙江文化研究工程深入实施，形成了《宋画全集》《元画全集》等一批重大成果；“最美浙江人”名片越来越响亮；浙江美术馆、浙江音乐学院、浙江自然博物院、小百花艺术中心等重大文化设施先后建成，之江文化中心、国家版本馆杭州分馆建设正在推进，农村文化礼堂即将实现500人以上行政村全覆盖；良渚古城遗址成功申遗，成为中华5 000多年文明史的实证；《外交风云》《鸡毛飞上天》《在远方》《王阳明》等一批影视作品产生广泛影响；国有文化企业改革、文艺院团改革、媒体深度融合改革、文旅融合改革、网络综合治理体系建设等重大改革率先破题；四条诗路文化带、之江文化产业带、横店影视文化产业集聚区等重大平台建设扎实推进，浙江文化软实力显著提升，具备了推进新一轮文化大发展大繁荣的良好基础。

从资源禀赋来看，浙江是人类文明之光最早照耀到的地方，文化遗产十分丰富。历史上，“浙学”思想繁荣昌盛，文学艺术独领风骚，人文精神独树一帜，孕育了众多高山仰止的文艺巨匠，诞生了大批千古流芳的旷世巨作。同时，浙江作为中国革命红船起航地、改革开放先行地、习近平新时代中国特色社会主义思想重要萌发地，在争创社会主义现代化先行省、高质量发展建设共同富裕示范区的征程中，创新创造无比丰富，改革发展的实践无比精彩，不断推出了反映习近平新时代中国特色社会主义思想在浙江生动实践的“大书”“大剧”“大作”。

从发展条件来看，浙江文化建设具备更进一步、更快一步的坚实支撑。全省人民具有高度的文化自信和文化自觉，广大文化文艺工作者对文化创造满怀激情和期待；浙江经济社会持续健康发展，文化建设拥有坚实的物质基础；浙江数字化改革正撬动全方位、深层次的社会变革，给文化生产方式、治理方式、生活方式带来重塑性影响。

三、实践探索

习近平总书记指出："在新的起点上继续推动文化繁荣、建设文化强国、建设中华民族现代文明，是我们在新时代新的文化使命。"在"八八战略"的指引下，浙江省委省政府将加强文化建设摆在全局工作的突出位置，坚持与时俱进，久久为功，一张蓝图绘到底，聚焦增强"三个力"，深入实施文化建设"八项工程"，着力打造"五个高地"，构建起文化浙江建设的"四梁八柱"，多年来指导浙江由文化建设大省递进到文化建设强省，再升级到文化浙江，推动浙江文化改革发展取得诸多历史性成就，探索出更多好经验好做法，为新时代深化文化体制机制改革、发展社会主义先进文化、推动高质量发展提供了良好借鉴。

（一）保持"一张蓝图绘到底"的战略定力，确保政策措施的连续性

习近平总书记在浙江工作时强调："浙江能否在全面建设小康社会、加快社会主义现代化建设进程中继续走在前列，很大程度上取决于对文化力量的深刻认识、对发展先进文化的高度自觉和对推进文化大省建设的工作力度。"2003 年以来，浙江历届省委省政府按照习近平作出的"加快建设文化大省，增强浙江的文化软实力"的决策部署，坚持一张蓝图绘到底，坚持不懈地在文化建设上出新招、开新局，推动文化大省建设走深走实，不断为浙江改革发展注入文化精神动力。2005 年 7 月，浙江省委十一届八次全会作出《关于加快文化大省建设的决定》，提出了文化大省建设的总体要求、目标任务和政策举措。2008 年 6 月，浙江省委制定《浙江省推动文化大发展大繁荣纲要（2008—2012）》，延续重点实施文化建设"八项工程"，提出加快建设社会主义核心价值体系、公共文化服务体系、文化产业发展体系等"三大体系"。2011 年 11 月，浙江省委十二届十次全会通过《关于贯彻十七届六中全会精神　推进文化强省建设的决定》，对加快推动文化大省向

文化强省迈进作出新的谋划和布局。推进文化强省建设，是浙江省委对“八八战略”中“加快建设文化大省”顶层设计的进一步具体对接。党的十八大以来，浙江省委率领全省人民在新的时代条件下兴起文化建设新高潮。2017年6月，浙江省委十四次党代会首次提出“文化浙江”战略部署，其中提到“在提升文化软实力上更进一步、更快一步，努力建设文化浙江”的新目标。“文化浙江”是浙江省委又一次围绕深入实施“八八战略”对浙江文化建设作出的新部署。2020年6月，浙江省委十四届七次全会提出了“努力建设展示坚持社会主义核心价值体系、弘扬中华优秀传统文化、革命文化、社会主义先进文化的重要窗口”的新目标定位。同年11月，浙江省委十四届八次全会进一步提出，努力打造新时代文化高地，形成有国际影响、中国气派、古今辉映、诗画交融的文化浙江新格局。2022年6月，省第十五次党代会报告进一步强调“高水平推进文化强省建设，打造新时代文化高地”。浙江坚持一张蓝图绘到底，以文铸魂、以文育德、以文图强、以文传道、以文兴业、以文惠民、以文塑韵，坚持不懈地在文化建设上出新招、开新局，展现了高度的文化自觉和政治自觉，确保了政策措施的连续性，不断刷新发展高度的浙江文化，为其经济社会高质量发展凝聚起强大精神力量，提供了丰润文化滋养。

（二）聚焦“铸魂溯源走心”工程，推动党的创新理论入脑入心

习近平总书记多次强调：意识形态工作是党的一项极端重要的工作，能否做好意识形态工作，事关党的前途命运，事关国家长治久安、事关民族凝聚力和向心力。浙江始终将党的创新理论凝心铸魂作为文化建设的首要任务，坚持加强科学理论武装，特别是立足“重要萌发地”这一最大优势，深入实施铸魂、溯源、走心工程，持续开展“我在之江学新语”“跟着总书记学思维”等主题活动，成立浙江省习近平新时代中国特色社会主义思想研究中心，形成了一批有影响力、有说服力的研究成果。健全学习实践习近平新时代中

国特色社会主义思想的制度体系，建立了党委（党组）重大决策前专题学习制度、理论中心组学习巡听旁听制度、省领导赴联系高校做形势政策报告制度、各级领导干部上讲台上党课制度等。同时，深入实施马克思主义理论研究和建设工程，紧扣重大时间节点，组织开展专项课题研究，大力推进党的创新理论研究阐释工作持续展开。同时，加强与国家级学术研究机构合作，深化省院合作、央地合作研究机制，实施哲学社会科学创新工程，推进省一流学科建设工程和学科“登峰计划”，实施浙江人文学科振兴工程，提升基础理论研究水平。深化哲学社会科学协同创新计划，强化学术共同体建设，建设了一批哲学社会科学重点研究基地和文科实验室，打造了“浙学论坛”学术品牌，推出了一批理论联系实际、通俗易懂的重点文章和普及读物。加快推进媒体传播体系建设，提高“浙江宣传”的传播力、引导力、影响力、公信力，做好舆论引导工作，打造塑造主流舆论新格局、新机制。

（三）深入实施文化研究工程，不断释放中华优秀传统文化势能

习近平总书记指出：“中华优秀传统文化是我们最深厚的文化软实力，也是中国特色社会主义植根的文化沃土。”浙江是中华文明发源地之一，拥有丰富的文化资源、厚重的历史积淀和灿烂的文化成果。2005 年，浙江文化研究工程由时任浙江省委书记习近平倡导并亲自主持，围绕“今、古、人、文”四个方面，深入挖掘浙江文化底蕴、研究浙江现象、总结浙江经验、指导浙江未来发展。第一期浙江文化研究工程围绕“今、古、人、文”四大研究主题，即“浙江当代发展研究”“浙江历史文化专题研究”“浙江名人研究”和“浙江历史文献整理”四大板块，首次系统梳理、考订浙江历史文化、文化名人及其学术思想和著述；第二期浙江文化研究工程重点突出当代发展研究、历史文化研究和“浙学”文化的阐述，具体设置了五大板块共 26 项研究任务。浙江文化研究工程第一期自 2015 年开始，实施十多年来，财政专项投入超过 1 亿元（人民币），设立研究项目 800 多项，共组织浙江全省

哲学社会科学界 1 000 多位专家学者参与课题攻关，累计出版学术著作超过 1 000 余部，充分塑造出阳明文化、和合文化等优秀文化名片。当前，第三期工程已经启动。进入“十四五”时期，浙江文化研究工程不断取得新成效，浙学研究体系建构日臻成熟，良渚古城遗址成功申遗，大运河国家文化公园建设稳步实施，宋韵文化传世工程全面铺开，西湖世界文化遗产保护不断加强，“浙江文化基因库”基本建成，浙江优秀传统文化标识日益彰显。浙江文化研究工程作为中国人文社科领域首个省级大型学术研究工程，也是迄今为止中国最大的地方文化研究项目之一，为传承发展优秀传统文化提供了浙江样本，为构建中国特色哲学社会科学提供了浙江路径，提升了“浙学”公认度和影响力。

（四）文化产业更加繁荣发展，助力打响文化浙江省域品牌

文化产业实现高质量发展是文化强国的应有之义，其中新质生产力的驱动成为内在要求和重要着力点。党的二十大报告提出，推进文化自信自强，铸就社会主义文化新辉煌，围绕繁荣发展文化事业和文化产业作出一系列部署和安排，如“深化文化体制改革，完善文化经济政策”“实施重大文化产业项目带动战略”“推进文化和旅游深度融合发展”等，为我们提供了重要的方向指引。浙江加大对文化企业的资金、政策、要素等支持力度，深入实施万亿级文化产业推进工程，加快推进文化产业提质增效和转型升级，聚力打造全国文化内容生产先导区、文化产业融合发展示范区、文化产业新兴业态引领区，文化整体竞争力显著提升。目前，全省拥有各类文化产业园区 140 多个，多数园区文化产业产值占比超 70%，产业集聚力逐步显现。2022 年，全省 5 700 余家规上文化企业营收 13 400 多亿元。上市文化企业达到 45 家，民营文化企业超 30 万家，文化生产力得到不断解放和发展。近年来，浙江加快“四十百千”重大项目建设，整合推出串珠成链“十大百亿工程”，文化和旅游项目投资实现逐年增长，进一步打响“诗画江南、活力浙江”省域品牌。

（五）优质文化供给稳步增加，基本实现公共文化服务优质均衡发展

自“八八战略”实施以来，浙江历届省委、省政府始终坚持“以人民为中心”的文化发展理念，坚持文化发展为了人民、文化发展依靠人民、文化发展成果由人民共享，保障浙江人民的基本文化权利，发动群众积极创造文化、弘扬文化、享受文化。推进文化建设要从加强公共文化基础设施建设做起，丰富公民的文化生活，推动建设文化大省、文化强省、文化浙江。党的二十届三中全会强调，要“丰富人民精神文化需求”，这再次凸显了“八八战略”强调加快建设文化大省、丰富人民精神文化生活的重要性。浙江文化建设启动以来，始终把保障人民群众基本文化权益作为文化建设的出发点，扎实推进公共文化服务标准化建设。深入实施基本公共文化服务提升工程，公共文化服务体系日益完善，文化产品服务精准供给水平明显提高，基本公共文化服务标准化、均等化高水平实现，人民群众文化获得感显著增强。近年来，浙江顺利建成杭州国家版本馆等重大文化设施，创新打造城市书房、社区文化家园等文化阵地，积极构建“15 分钟文明实践服务圈”，累计建设 5 万余家新时代文明实践中心、所（站、点）和农村文化礼堂，广泛组织开展“永远跟党走”等群众文化活动，在全国率先实现公共文化服务标准化。同时，依托数字化改革大力开展移动传播重大平台建设，成功打造“智慧文化云 2.0”，推动现代化公共文化服务再上新台阶。此外，在全国首创文化特派员制度，通过“摸需求”“送服务”“种文化”“立品牌”，推动优质文化资源直达基层，让农民群众也享受到更高品质的文化生活，肩负起以文惠民、以文兴业、以文润村的文化使命。

（六）对外文化交流有声有色，提升了中华民族优秀文化传播力

党的二十届三中全会提出“构建更有效力的国际传播体系”，浙江作为习近平新时代中国特色社会主义思想的重要萌发地，有宣介总书记思想的源头活水、讲好中国故事的丰富素材，在国际传播上有着丰富的资源和天然的优势。搭平台聚人气，持续向世界开放各类合作通道。浙江在各领域积极开展丰富多样的国际合作，不断扩大“朋友圈”，通过各类国际性论坛、峰会、赛事、会展、项目、活动等，为浙江文化影响力的“海外出圈”创造契机，如“杭州国际人才交流与项目合作大会”、“世界互联网大会乌镇峰会”、2023年的亚运会等，不断吸引世界关注浙江、来访浙江、创业浙江。深入实施媒体融合发展工程、网络内容建设工程、文化“走出去”工程，主流舆论持续巩固壮大，浙江故事广泛传播，浙江文化印记、文化符号更加鲜明，文化影响力持续扩大，如以“美丽浙江”为主题，浙江电视周、摄影展、图书展、非遗展等文化活动持续开展；“1+11”省市英文网站集群形成传播矩阵，浙江英语频道ZTV NEWS、天目新闻客户端英语频道等的开设，传递出“浙江好声音”；实施中华文化走出去重点任务项目，组织开展与法国、西班牙、葡萄牙、俄罗斯等文化影视的交流项目。“以侨为桥”，依靠侨乡侨胞缔结民心相通的国际纽带。人类文明交流互鉴归根结底是以“人”为主体，遍布全球的浙江人、浙江侨胞是浙江与世界对话沟通的重要人际通道、中外民心沟通最好的“民间大使”，是浙江讲好中国故事最大的海外人力资源优势。作为中国第五大侨乡省，浙江有205万海外侨民，分布在世界180多个国家和地区，他们当中越来越多的人成为联结中外友谊、增进民心相通的良士，为文化交流互鉴搭建了桥梁。

四、经验启示

实施“八八战略”以来，浙江发展先进文化的探索与实践，为推动文化高质量发展、建设社会主义文化强国提供了重要经验和启示。

（一）坚持以什么思想理论为指导，是文化建设的首要问题

浙江的实践表明，要坚持马克思主义在意识形态领域的指导地位，以习近平新时代中国特色社会主义思想为根本遵循，发挥社会主义核心价值观凝心聚力、强基固本的作用，才能实现价值观念同源、改革目标同构、实践步伐统一，形成改革合力。

（二）保持工作的稳定性和连续性，才能善始善终、善作善成

文化体制机制改革是一项复杂的系统工作，必须坚持把一张蓝图绘到底、一茬接着一茬干的工作思路。浙江实践证明，发展思路需因形势变化作出调整和完善，但科学论证的发展思路一旦确立，就应当从总体上保持政策的稳定性和工作的连续性，挂“图”作战，不反复、不折腾，以咬定青山不放松的劲头干出实效，以乱云飞渡仍从容的定力将改革进行到底。

（三）文化发展为了人民、依靠人民，必须始终坚持以人民为中心

浙江的实践表明，文化建设要坚持以人民为中心，坚持为人民服务、为社会主义服务这个根本方向，要把人民作为文化建设的出发点和落脚点、文化建设得失成败的最终评判者。坚持以人民为中心是决定我国文化事业前途命运的关键。

（四）文化自信是更基础、更广泛、更深厚的自信，是更基本、更深沉、更持久的力量，坚定文化自信是推动文化繁荣兴盛的前提

浙江的实践表明，只有坚定文化自信，才能更加理性、更加自觉、更加从容和更加有定力地坚持道路自信、理论自信和制度自信。坚定文化自信就是要不忘本来、吸收外来，使中华文化始终立于世界文化发展的潮头，鼓舞全国各族人民朝气蓬勃地迈向未来。

（五）文化体制改革是文化发展的动力，推动文化发展必须抓住文化体制改革这一关键环节

浙江的实践表明，深化文化体制改革是推动文化繁荣兴盛的必由之路。文化体制改革既要顺应社会主义市场经济发展规律，又要牢牢把握先进文化的前进方向，遵循社会主义精神文明建设的特点和规律，把握好意识形态属性和产业属性、社会效益和经济效益的关系，始终把社会效益放在首位。

06 赓续河北历史文脉 筑牢文化自信根基

——推动泥河湾遗址群探掘、传承与保护

历史与文化相互作用，彼此塑造。文化遗址的探掘、传承与保护也是筑牢文化自信根基、建设中华民族现代文明的重要途径，同时为推动经济高质量发展提供动力支撑。泥河湾，作为一条彰显中华民族生生不息、发展壮大

的历史文化长河，蕴含着厚重而丰富的古人类研究成果，我们理应进一步对其进行探掘、传承与保护，不断为推动河北高质量发展赋能增效。

一、典型案例

泥河湾遗址群作为大型旧石器考古文化遗址群，自 19 世纪 20 年代至今已有近百年研究史。百年来，对泥河湾文化遗址的研究经历了从发现、发展到繁荣，再到挖掘利用、修复保护的多个阶段，逐步成为地质勘探、旧石器考古、古生物学等多学科研究的“风水宝地”。泥河湾遗址群不仅为科学界探究古人类起源及演化提供了丰富的参考资料，而且也是展现河北新形象的一张亮丽文化名片。2022 年，泥河湾遗址群被正式列入第四批国家考古遗址名单，河北省委省政府及相关部门通过积极申报爱国主义教育基地、科普教育基地更好地对泥河湾遗址文化进行阐释与传播。习近平总书记指出：“考古遗迹和历史文物是历史的见证，必须保护好、利用好。”在习近平总书记关于历史遗产与传承保护重要论述及推动文物“活”起来的理念指引下，河北省继续加大对泥河湾文化遗址的探掘、传承与保护研究，为国家考古遗址公园的发展提供坚实的学理支撑，促进考古研究与成果的创造性转化。推进泥河湾文化遗址的挖掘、传承与保护持续走向深入，既是夯实文化自信根基的重要路径，也是建设中华民族现代文明的内在要求，为推动河北高质量发展提供精神动力，也为新时代探索加强文化遗产系统性保护和统一监管的实现路径提供有益参考。

二、背景情况

泥河湾，位于河北省张家口市阳原县东部桑干河畔，本是一个名不见经传的小山村，两百万年前，这里是一个面积广袤的大湖，螺蚌遍布、鱼虾成群，湖边森林广阔、植被繁茂，大量的动物在这里繁衍生息。伴随气候的增减无常以及当时古人类、古动物的频繁活动，加之水位的不断涨落，大量动植物的残骸尸体被冲刷或埋藏于湖底，剧烈的地壳运动后，往昔的湖水几近干涸，该地区逐步形成宽广的平原。因桑干河和壶流河的侵蚀，古湖平原也遭受巨大破坏，从而形成了起伏各异、大小不一的丘陵和台地。20 世纪 20 年代，一批古生物的亮相开始让泥河湾进入大众视野，一大批古人类学家、考古学家、地质学家开始对泥河湾进行调研挖掘工作，先后在泥河湾发现了大量含有早期人类文化遗存的遗址和石器，还出土了一系列脊椎动物、软体动物和植物化石，人们开始慢慢熟知这片孕育着东方人类演化进程和文明发展史的神秘土地。随着对泥河湾遗址考古工作的渐趋深入，在众多学科专家学者的孜孜探求中，泥河湾已经成为构建起东亚地区距今 200 万年至 1 万年间古人类文化序列框架的有机构成，成为体现“我国百万年的人类史、一万年的文化史、五千多年的文明史”的重要依托载体，被誉为“东方人类的故乡”，是我国乃至世界上具有鲜明特色的旧石器考古研究基地。

泥河湾，犹如一把智慧之钥，引领更多领域的研究者们探索更多文化的奥秘，将这一东方文明的源头持续延伸。1921 年法国传教士文森特来泥河湾村传教，发现大量贝壳、蚌类及哺乳动物化石，遂联合法国古生物学家桑志华、德日进和美国地质学家巴尔博，拉开了国外学者研究泥河湾文化的序幕。20 世纪三四十年代，泥河湾底层、泥河湾动物群被先后命名，并在国际上被予以认可。1948 年，泥河湾地层在第十八届国际地质大会上被确定为第四纪标准地层。中华人民共和国成立后，国内越来越多的地质考古学家，诸如杨钟健、裴文中、贾兰坡等，陆续来到泥河湾进行学术调研和考古挖掘，促进了泥河湾研究内容的不断丰富、科学成果的逐步增多，使其文化价值愈加凸显。尤其是 1978 年，考古工作者在泥河湾附近发现拥有大量文化遗存的小长梁遗址，该遗址被视为“人类最北端的活动点”，打破了“在 100 万年前亚洲没有人类文明”的荒谬论断。1997 年，经河北省委省政府批准泥河湾省级地质遗迹保护区成立，并于2002年晋升为国家级自然保护区，积极筹划“世界文化遗产”申报工作。2003年，河北省泥河湾文化研究会成立，2007年，泥河湾博物馆建成。通过多年持之以恒的努力，泥河湾自然保护区不仅被纳入首批国家级重点保护古生物化石集中产地名录，还获评“河北省首批科普示范基地”“河北省自然资源科普基地”“第四批地学科普研学基地”等荣誉。这无疑引起越来越多致力于探索泥河湾文化遗址挖掘与传承工作者的重视，泥河湾文化遗址正逐步走上一条规范化保护与管理之路。新时代，泥河湾遗址群逐步得到党和国家相关文物部门的高度重视，相关法规条例、专项计划的颁布、实施有助于对其进行合理挖掘和传承保护，有效提升泥河湾遗址群的传播效果。

泥河湾文化遗址作为自然遗产，具有不可复制性和不可再生性。习近平总书记强调，保护好、传承好、利用好这些宝贵财富，是我们的共同责任，是人类文明赓续和世界可持续发展的必然要求。在习近平文化思想及习近平总书记关于文化遗产保护传承重要论述的科学指引下，继续加大对泥河湾的挖掘与阐释力度，秉持传承与保护并重、开发与利用并济的发展理念，在尊重遗址原貌的基础上，完善相关法律法规条例，走系统化规范化保护道路；增强宣传教育活动引领，让考古工作生动有趣；提升基础设施规划建设，为科学挖掘与传承利用奠定基础；加强遗址研究阐释工程，打造具有强大影响力的文化品牌。

三、实践探索

泥河湾，这一蕴藏着巨大宝藏的文化遗址，为探寻源远流长的华夏文明的历史根基提供了可靠依据。作为世界上古人类遗址分布最密集的地区，全世界百万年以上的人类文化遗址仅泥河湾遗址群就占48处，可谓世所罕见。当前，在助力实现文化强国建设新征程上，我们要立足于泥河湾文化遗址的自身特色，坚持保护优先，在保护中发展，在发展中保护，通过对泥河湾博物馆展览展示，推动文物活化利用，健全完善相关立法，使得文物受到法律保护，同时加强信息化、数字化建设，让科技不断为文物赋能，持续扩大泥河湾文化影响力，为推动高质量发展奠定稳固根基。

（一）完善相关法律法规，走系统化规范化保护道路

从 20 世纪 20 年代开始，泥河湾遗址群成为诸多学科领域专家学者研究的焦点。河北省政协委员祁桂梅首次提出了泥河湾遗址群保护开发提案，该提案引起省政府相关领导的高度重视，并派省直有关厅局奔赴遗址现场办公，有关考古专家也及时赶往阳原县的马家沟、侯家窑、小长梁等遗址进行实地考察调研，发现大量旧石器时代的石制品及动物骨骼化石。河北省提出申请，恳请国家相关部门将泥河湾批准为大遗址保护重点项目，这使得泥河湾遗址群具有了国家层面保障的可能性。2001 年，泥河湾遗址群被列为全国重点文物保护单位。2002 年国务院办公厅关于发布河北泥河湾等 17 处新建国家级自然保护区的通知，根据《中华人民共和国自然保护区条例》《中华人民共和国文物保护法》《河北省文物保护管理条例》等有关条例，加大对泥河湾遗址群保护力度，并对其保护范围和建设控制地带进行明确界定，以严格标准建设和保护好泥河湾遗址群相关文物。2011 年，《河北省泥河湾遗址群保护规划》通过国家级评审，被河北省列为“十二五”重点文物保护项目。由此看出，泥河湾文化遗址不断得到党和国家的大力重视与保护，逐步走上一条系统化、规范化的发展道路。

进入新时代，在河北省林业和草原局及文物部门的领导支持下，泥河湾国家级自然保护区将主要致力于泥河湾丰富的地质遗迹资源，继续深入挖掘遗址内涵，建立以“科考为支撑、保护为载体、宣传为桥梁”的管理体系，统筹推进泥河湾遗址的保护利用。2012 年，省政府第 109 次常务会议讨论通过了《泥河湾遗址群保护利用方案》，该方案坚持“保护为主、

抢救第一、合理利用、加强管理”的基本方针，并同《泥河湾国家级自然保护区总体规划》相衔接，做到将泥河湾文化遗址开发保护同当地经济发展、提高人民生活水平和改善生态环境相结合，统筹推进泥河湾遗址群整体性保护工程。2013 年，国家文物局和财政部共同研究编制《大遗址保护“十二五”专项规划》，在完成《“十一五”期间大遗址保护总体规划》目标任务的前提下分步骤、分阶段推进泥河湾遗址群的基础性工作和阶段性评估，完成保护规划编制工作。伴随相关保护文件的不断完善，泥河湾遗址群考古工作不断取得实质性进展。2016 年，以做好新形势下大遗址保护展示利用工作为出发点，国家文物局在《国家文物事业发展“十三五”规划》基础上制定印发了《大遗址保护“十三五”专项规划》，继续推动泥河湾保护规划编制工作，坚持稳中求进，协调文物保护同社会经济发展的关系。泥河湾遗址群作为 5 000 多年中华文明的核心文物资源，在实现第一个百年奋斗目标乘势而上向第二个百年奋斗目标进军的首个五年，更需坚持以改革创新精神为引领，与时俱进，不断加强保护与利用。2021 年，《大遗址保护“十四五”专项规划》提出“先考古，后出让”的政策，严守文物安全底线，坚持预防性保护和抢救性保护并重的原则，这一规划使得泥河湾遗址群的保护工作具有了更为强大的安全保障。2024 年，《中共河北省委关于深入学习贯彻党的二十届三中全会精神 进一步全面深化改革奋力谱写中国式现代化建设河北篇章的意见》（以下简称《意见》）指出，要“健全文化遗产保护和监管法规政策，完善文化遗产保护名录，推进长城、大运河（河北段）国家文化公园建设”，通过对泥河湾遗址群的合法性保护优化文化服务，提升高质量发展的整体效能，进而为推进中国式现代化提供智力支持。

泥河湾遗址群是中华文明的重要精神标识，凝聚着中华民族的文化智慧。对泥河湾遗址群的保护不仅需要立法层面的保护，还需要以尊崇之心、敬畏之情维护其历史风貌，保护其文化延续，像对待老人一样尊重和善待城市中的老建筑”和“加强传统村落和乡村特色风貌保护”的具体要求相契合。新时代，我们要树立正确的开发保护理念，摒弃“拆真古迹、建假古董”“大拆大建、千城一面”的错误观念，坚持习近平总书记所提出的“修旧如旧，保留原貌，防止建设性破坏”的原真性保护方法以及“让历史文化和现代生活融为一体”的完整性保护方法，以“绣花”功夫对泥河湾遗址群进行“微改造”，让泥河湾遗址群真正走上系统化、规范化的保护及可持续发展之路，不断推动高质量发展向纵深迈进。

（二）增强宣传教育活动引领，让考古研究工作变得生动有趣

文物保护不能为了保护而保护。作为一项艰深繁难的系统工程，开展泥河湾考古研究需要耐得住寂寞，坐得住“冷板凳”。持续加强遗址的活化利用，让大众真正走进“考古第一现场”，深刻体悟悠久厚重的历史文化氛围，增强宣传教育功能不失为一条捷径。习近平总书记强调：“让收藏在博物馆里的文物、陈列在广阔大地上的遗产、书写在古籍里的文字都活起来。”让泥河湾遗址群所蕴含丰富的文化资源“活起来”，需要通过多种形式的宣传教育活动进一步推动泥河湾遗址考古工作走进生活、贴近大众。而宣传教育活动首先要从青少年抓起，让更多的青少年走进遗址，参与“模拟旧石器考古发掘”公众体验活动。在模拟预埋的古人类文化遗址上，或用手铲轻刮土层，或拿起石块对碰，或挖出火塘，模仿还原古人类打制石器及用火的真实场景。2022 年，国家文物局修订的《国家考古遗址公园管理办法》强调指出，国家考古遗址公园是“具有全国性的示范意义的特定公共文化空间”，要发挥科研和教育双重功能，主张“边发掘、边研究、边建设、边展示”，为推动遗产“活起来”指明方向。考古工作者不仅要坚守自身的科研考古工作，还要主动担负起推动遗产“活起来”的重任，让考古不断走进生活、贴近大众。

2021 年，泥河湾研究中心入选河北省第二批科普示范基地，对提升大

众对泥河湾遗址群的认知度和熟悉度有了很大的促进作用。目前，河北省委省政府积极加强泥河湾教育基地建设，正在努力申报省市级爱国主义教育基地、国家级科普教育基地。

河北省阳原县委宣传部联合县文旅局举办的“文化自信——特色文化进校园”宣讲活动，走进阳原县第五实验小学，本土考古专家围绕泥河湾历史文化及考古挖掘所取得的成就并结合当前泥河湾遗址群的自身特色、意义地位等内容，为师生们讲解了一场通俗而不失生动的“考古课”，让师生们更加真切地感受到泥河湾文化的强大底蕴和无限魅力。通过面对面讲解，泥河湾遗址群的整体形象跃然纸上，让学生更深切地感受到中华文化博大精深，对于坚定文化自信意义重大。据了解，泥河湾遗址群是世界著名的早期人类发源地之一，同时也是阳原县独特的且具有悠久历史的特色文化资源。此次泥河湾特色文化进校园活动，不仅让更多学生在学习、了解、掌握泥河湾文化知识中增强主动性，而且大大激发了他们刻苦学习科学文化知识、为家乡增光添彩的热情。

除此之外，阳原县还以“国际博物馆日”为动力引擎，大力开展流动博物馆进校园活动，阳原县第三中学、职教中心、第三实验小学等，通过开展现场观察鉴别泥河湾文物、学习考古知识、专家学者宣讲推介等丰富多彩的活动形式，让学生了解泥河湾文化遗址的来龙去脉，从而赓续传承泥河湾遗址文化。未来，阳原县将继续发挥资源腹地优势，探掘更多符合泥河湾文化宣传工作新路径，并陆续在全县开展“特色文化进校园、进社区、进农村”“特色文化第一课”等系列活动，以宣传讲解、实地研学、现场体验等形式增进大众对泥河湾考古工作的认知，让考古工作真正同人民群众的生活联系起来，让泥河湾文化持续绽放新的光彩。

（三）提升基础设施规划建设，为科学挖掘和传承利用奠定基础

习近平总书记指出：“要把历史文化遗产保护保护放在第一位，同时要合

理利用，使其在提供公共服务文化服务、满足人民精神文化生活需求方面充分发挥作用。”近年来，河北省文物考古研究院与河北省泥河湾文化研究会，凭借泥河湾遗址群丰富的考古资源以及不断完善的基础设施，联合策划推出了“泥河湾旧石器公众考古月”活动，并连续数年荣获河北省科技厅科学普及专项资金支持，广受社会各界的高度认可与赞誉。此外，泥河湾遗址博物馆项目已顺利获得河北省发改委的正式批复并着手建设，目前博物馆主体工程已接近完工。泥河湾，这一昔日荒凉的地区，如今已蜕变为璀璨的文化瑰宝。中国科学院古脊椎动物与古人类研究所研究员高星等专家指出，泥河湾遗址群的价值已远远超越了其作为第四纪地质、环境与人类演化研究科学领域的标志性地位，其影响力已广泛渗透至多个学科领域，并对现实生产生活产生了深远的影响。

在河北省委省政府的积极主导下，泥河湾国家考古遗址公园正稳步推进市场化、企业化开发模式，精心规划并打造餐饮、高端民宿、文艺演出、考古体验、农耕文化体验、休闲康养等一系列项目，以丰富旅游业态，提升旅游品质。同时，相关部门全力配合“阳原县文旅康养示范区”项目的实施，委托专业机构编制示范区规划，并借助“阳原县文旅康养招商宣传片”进行集中宣传，进一步推动泥河湾全域旅游的蓬勃发展。随着《泥河湾遗址群保护总体规划纲要》的获批公布，河北省委省政府连续出台的多项保护利用方案和工作方案的实施，泥河湾的保护与研究工作得到了前所未有的重视。科技部支持的“以泥河湾盆地为重点的华北早期人类演化与适应研究”项目已于 2020 年正式立项，标志着泥河湾的科学研究迈上了新台阶。未来，泥河湾国家考古遗址公园将成为推动当地文旅融合发展的核心引擎。

截至目前，对泥河湾遗址群的保护已累计投入资金超 4 亿元，建设了重点遗址保护展示棚、游客服务中心、园区南大门、科普广场、地球生命轴线等一系列遗址公园研究保护利用设施，这些设施将集科研、展示、休闲等多种功能于一体，成为文化旅游综合体的典范。同时引入专业团队负责国家考古遗址公园的运营，推进遗址公园餐饮服务等配套项目的建设。目前，泥河湾国家考古遗址公园已顺利通过4A景区景观质量评审，将力争在两年内建成泥河湾文化创意实景演出场地。此外，泥河湾遗址群保护区已正式启动申报世界文化和自然遗产的工作。泥河湾作为中国乃至世界罕见的自然与文化遗产高度融合的复合型遗产地，其申遗工作已聘请专业团队编制了详细的时间表和规划图，旨在2024年内成功进入《中国世界文化遗产预备名单》，早日将泥河湾这一璀璨的文化品牌推向世界舞台。

（四）加强遗址研究阐释工程，打造具有强大影响力的文化品牌

为了全面阐释与传承泥河湾古人类文化，河北省启动了遗址展示与阐释项目，特邀请业内权威专家精心策划并编撰了《泥河湾考古图典》及《阳原泥河湾——东方人类从这里走来》等一系列科普书籍；同时，成功制作了《寻梦泥河湾·探访东方人类的故乡》十集微纪录片，运用沉浸式数字影片等创新手段，为青少年研学教育提供了既有趣味性又具交互性的体验。在河北省传媒集团的鼎力支持下，河北新闻网还特别设立了“东方人类的故乡——泥河湾”网络专题，在其首页长期展示。此外，河北新闻网还推出了“青豆带你走进泥河湾”及“青豆带你逛家乡古迹”两期专题报道，累计发布泥河湾相关宣传报道50多篇，总阅读量突破157万次。为进一步扩大泥河湾文化遗址的影响力，专门拍摄《穿越万年，揭秘泥河湾》系列十集宣传片，并通过河青家长会、青豆新闻、河青新闻网、河北青年报、泥河湾公众号等多平台媒体同步宣传，阅读量迅速攀升至百万以上，极大提升了泥河湾的知名度。此外，“泥河湾”的慢直播活动让公众能够身临其境地感受百万年历史的文化魅力，更深入地了解并享受泥河湾的独特魅力。

《意见》中指出，“探索实施河北历史文化研究工程，深化中华民族起源遗址保护与溯源研究”，其中就包括泥河湾遗址群，其作为人类文明的精神家园，凝聚着中华民族的远大智慧，新时代，我们必须将国家考古遗址公

园的创建与运营同扎实的考古工作联系起来，以考古成果的核心价值为基石进行保护利用。同时，相关部门将继续深化与中国科学院、中国社会科学院、北京大学等国家级科研机构及高校的战略合作，力争早日将泥河湾遗址群的研究纳入“考古中国”等国家层面项目。值得一提的是，泥河湾遗址群已于2022年底被正式列入第四批国家考古遗址公园名单，并在2024年4月18日国际古迹遗址日当天，于湖北武汉举行的国家考古遗址公园现场会上荣获正式授牌。面对如何让文物“活起来”的新挑战，如何深入实施泥河湾国家考古遗址公园的高标准建设，已成为当前我们亟待解决的重要课题。站在新的起点上，河北省正全力推进泥河湾遗址群重大课题研究，探求将文化考古工作同高质量发展有机结合的有效路径，为国家考古遗址公园的发展提供坚实的学术支撑与价值导向，推动考古研究成果的有效展示与转化。

四、经验启示

新时代新征程，我们应全面规划并协调推进泥河湾遗址的保护与利用工作，积极促进盆地内所蕴含的人类文化遗产与科学资源的社会价值与经济价值的全面释放，以此推动文化的保护与传承，实现文化保护与经济发展协调统一。

（一）树立科学保护理念，实施多元化科普策略

泥河湾文化遗址作为一座具有中华民族鲜明特色的文化标识，必须坚持科学保护的理念原则，完善文化遗产保护传承体制机制。习近平在主政地方时就对少数领导干部在文化遗产保护与经济社会发展问题上存在非此即彼的陈旧僵化观念等错误进行过纠偏，强调发展经济与做好文化遗产保护都是领导者责无旁贷的使命。因此，树立科学的文物保护政绩观念也成为衡量各级领导干部政治自觉性和执行力的重要标准。同时，要在注重提

升科普宣传的热度和关注度的基础上，采取多种形式普及自然资源领域科学知识，结合科普馆、知识园区等场景教育及红色资源，联合科研院校研学基地和保护区自身宣传，多途径传播泥河湾地质遗迹资源和文化成果，实现区域协调发展。

（二）全面推进基础设施建设，提升泥河湾整体形象

立足于泥河湾文化遗址保护区具体实际，相关部门修订完善了总体规划，在重点区域保护、科普宣教、职工生产生活环境改善、科研开发等方面进行科学谋划和持续推进。通过依托博物馆这一彰显国家和民族深厚历史底蕴的重要窗口，既要展示古文物所蕴含的优秀文化基因以滋养人民精神文化生活，也要“在展览的同时高度重视修史修志”，从而提升泥河湾遗址群形象建设，在惠及人民群众生产生活的同时实现经济的逐步跨越。

（三）实施多形式联动宣传，增强泥河湾宣传引导力

新时代新征程，我们应采取多形式、多渠道打造泥河湾宣传载体，坚持“以文塑旅”“以旅彰文”重大部署，在科学保护的前提下推进文化遗产与旅游深度融合，促进旅游业高质量发展以及人民美好生活品质提升。习近平总书记强调“要把历史文化与现代文明融入旅游经济发展之中”，这表明不仅要把旅游作为宣传推介中华文明“走出去”和展示经济社会发展可喜成绩的重要平台，还要“坚持取长补短，择善而从”，积极参与对外文明交流，为提升泥河湾整体形象和国际影响力作出更大贡献。

07 守住、管好“天下粮仓”
筑牢粮食安全的坚实防线

仓廪实，天下安。对于中国这样的人口大国来说，保持自身粮食安全具有特殊重要性。只有用中国人自己的手攥紧中国种子，才能端稳中国饭碗，才能实现粮食安全。锚定建设农业强国目标，既抓物质基础，藏粮于地、藏粮于技，也抓机制保障，做到产能提升、结构优化、韧性增强、收益保障、责任压实，这样我们就一定能全方位夯实粮食安全根基。

一、典型案例

2024 年 5 月，河北省农业农村厅发布《2024 年“三夏”农机服务保障工作实施方案》，要求树牢粮食安全底线，周密组织机收作业，高质、高效、安全、平稳完成“三夏”农机生产任务，确保小麦机收率稳定在 99.8% 以上，玉米机播率达到 96% 以上，实现夏粮颗粒归仓、秋粮种足种好。2024 年麦熟时节，迁西县开展“颗粒归仓”行动，通过采用现代化农业机械和技术，实现了粮食生产的高效和低损耗。他们通过引进具有低损耗特点的小麦收割

机，使小麦收割过程中损失率控制在1%以内，显著低于传统收割方法。在播种过程中，农机合作社为农户提供了高精度播种机，确保种子合理分布，减少了播种阶段的浪费。此外，粮食仓储企业采用了智能化温湿度控制系统，有效避免了粮食储存过程中的霉变和虫害，进一步减少了粮食损失。

二、背景情况

（一）时代背景

当下，我国正以中国式现代化全面推进中华民族伟大复兴，农业之于经济社会全局发展的基础性作用和战略性意义进一步凸显，而我国农业还存在一些短板，比如大而不强问题还较为突出、农业基础还不稳固等，破解这些矛盾，就需要推动我国由农业大国向农业强国跨越。从国际形势看，世界局势动荡、自然灾害频发、国际粮价波动等不利因素，也需要我们夯实农业“压舱石”，确保在国际竞争中立于不败之地。

（二）政策背景

习近平总书记在党的二十大报告中指出：“加快建设农业强国，扎实推动乡村产业、人才、文化、生态、组织振兴。”这是党中央着眼全面建设社会主义现代化国家大局，第一次郑重提出建设农业强国。农业是关系国计民生的基础产业，是安天下、稳民心的战略产业。从“中国要强，农业必须强”的深刻论断到“加快推进农业农村现代化”的战略部署，再到“加快建设农业强国”的奋进号角，这表明党中央始终对“三农”工作高度重视，采取的策略一以贯之。

党的二十大报告突出强调粮食安全工作，指出要“全方位夯实粮食安全根基，全面落实粮食安全党政同责，牢牢守住十八亿亩耕地红线，逐步把永久基本农田全部建成高标准农田，深入实施种业振兴行动，强化农业科技和装备支撑，健全种粮农民收益保障机制和主产区利益补偿机制，确保中国人的饭碗牢牢端在自己手中。树立大食物观，发展设施农业，构建多元化食物供给体系”。粮食安全是“国之大者”。习近平总书记反复强调，中国人的饭碗任何时候都要牢牢端在自己手中，而且饭碗应该主要装中国粮。

三、实践探索

粮食安全问题需常抓不懈，全国各地严格落实中央下达的政策精神，在强化党政同责保粮食安全、确保粮食和重要农产品稳产保供、严格落实耕地保护制度、强化农业科技和装备支撑，以及推进全链条粮食减损5个方面持续发力，取得了一定成效。

（一）强化党政同责，确保粮食安全

粮食安全问题不能完全任由市场机制发挥作用，而是需要党政同责，层层压实主体责任，发挥有为政府作用，推动粮食安全政治责任落地，筑牢粮食安全根基。能否主动抓好粮食安全工作，是对各级党政主要负责同志政治站位高不高、大局观念强不强、责任担当实不实的重要检验。

为了推动粮食领域改革不断深化、管理政策更加健全、制度体系更加完善、14亿多人的粮食安全得到有效保障，国家于2023年12月29日出台了《中华人民共和国粮食安全保障法》，以法律的形式把实施国家粮食安全战略的重要原则、重要制度、重要体制机制固定下来。2024年6月1日，该法正式施行，从制度上将保障粮食安全政策体系、工作体系和责任体系转化为法律规范，明确国家建立粮食安全责任制，强化各级政府及有关部门粮食安全的职责和任务，对落实耕地保护和粮食安全责任制情况的考核评价、监督检查、责任约谈、法律责任等制度做了规定。实行粮食安全责任制是具有中国特色的确保粮食安全的一项重要制度安排。坚持粮食安全党政同责，落实好法律规定，粮食主产区、主销区、产销平衡区都有责任保面积、保产量，饭碗一起端、责任一起扛，形成完善的粮食安全责任链条，切实扛稳保障粮食安全的政治责任。

（二）统筹做好粮食和重要农产品稳产保供

1. 全力抓好粮油生产

2024年以来，全国各地扎实推进新一轮千亿斤粮食产能提升行动。稳定粮食播种面积，把粮食增产的重心放到大面积提高单产上，确保粮食产量保持在1.3万亿斤以上。实施粮食单产提升工程，集成推广良田良种良机良法。

巩固大豆扩种成果，支持发展高油高产品种。农业农村部数据显示，2024年，粮食再获丰收。夏粮早稻已经丰收到手，夏粮产量2 995.6亿斤，比2023年增加72.5亿斤，是近9年增产最多的；早稻产量563.5亿斤，连续4年稳定在560亿斤以上。秋粮面积稳中有增，大面积单产提升取得明显成效，截至2024年10月24日，秋粮收获进度已达82.5%，又是一个丰收季。我国粮食产量连续9年稳定在1.3万亿斤以上的基础上，2024年预计将首次突破1.4万亿斤。大豆油料扩种成果巩固，大豆种植面积仍然保持在1.5亿亩以上，预计产量稳定在2 000万吨以上；油菜籽种植面积、单产、总产实现“三增”。

2. 强化“菜篮子”产品生产

2024年以来，全国各地加强“菜篮子”产品应急保供基地建设，优化生猪产能调控机制，稳定牛羊肉基础生产能力。2024年，“菜篮子”产品供应充裕，突出表现为数量足、质量好、品种多。生猪产能有序调控，2024年9月末，全国能繁母猪存栏量4 062万头，生猪养殖业稳步发展。肉蛋奶生产稳定，2024年前三季度猪牛羊禽肉产量7 044万吨，比2023年同期增长了1%，国内水产品产量增长4.5%。蔬菜水果品类丰富，供给充足。以河北为例，瞄准京津冀市场需求，加快打造了衡水、沧州高品质蔬菜产业示范区，与北京共建了一批环京周边蔬菜生产基地，打造了一批“河北净菜”生产示范基地。同时，加强生猪产能调控基地动态管理，落实国家促进鲜奶消费各项举措，推进奶牛场智能化建设和升级改造，支持奶牛牧场重点项目建设，支持深远海养殖和现代海洋牧场建设。

3. 大力推进盐碱地综合改造利用

全国各地全面摸清盐碱地资源状况，建立盐碱耕地质量监测体系。实施盐碱耕地治理工程，分区分类开展盐碱耕地治理改良，加强耕地盐碱化防治。梯次推进盐碱地等耕地后备资源开发。坚持“以种适地”同“以地适种”相结合，培育推广耐盐碱品种和盐碱地治理实用技术。河北省现有盐碱地580多万亩，其中盐碱耕地570多万亩。近年来，河北省利用科技创新，在改土治水、品种选育、技术集成、全链条开发等方面积极推进，大力推进盐碱地综合利用和改造提升，完成盐碱地专题调查，筛选推广耐盐碱优良品种25个，旱碱麦面积扩大到150万亩。以沧州为例，2024年，夏收旱碱麦154.7万亩、亩产260公斤、总产40.22万吨，较上年分别增加54.5万亩、14.6公斤、15.72万吨，面积、单产、总产同比分别增长54%、6%、64%。

（三）严格落实耕地保护制度

习近平总书记指出：“要守住耕地这个命根子，坚决整治乱占、破坏耕地违法行为，加大高标准农田建设投入和管护力度，确保耕地数量有保障、质量有提升。”耕地是粮食生产的命根子，没有耕地安全，就没有粮食安全。2023年，全国耕地总量连续第三年净增加，全年新建和改造提升高标准农田面积574万公顷，耕地质量总体进入持续改善、稳中有升的阶段。2024年中央一号文件要求，健全耕地数量、质量、生态“三位一体”保护制度体系。新一轮国土空间规划明确了18.65亿亩耕地和15.46亿亩永久基本农田保护任务，并且逐级分解下达到各地。

1. 合法占用耕地

全国各地按照2024年中央一号文件的要求，改革完善耕地占补平衡制度，坚持“以补定占”，将省域内稳定利用耕地净增加量作为下年度非农建设允许占用耕地规模上限。对乱占、破坏耕地的违法行为，包括乱建“大棚房”、破坏黑土地、非法取土等，坚持零容忍，坚决整治，严厉打击，发现一起查处一起；对耕地“非粮化”，统筹考虑粮食生产和重要农产品保障、农民增收的关系，细化明确整改范围，合理安排恢复时序，分类稳妥开展违规占用耕地整改复耕。

2. 提升耕地质量

全国各地以高标准农田建设为抓手，部署加强耕地质量建设。优先把东北黑土地区、平原地区、具备水利灌溉条件地区的耕地建成高标准农田，适当提高中央和省级投资补助水平，取消各地对产粮大县资金配套要求，确保建一块成一块。同时，健全补充耕地质量验收制度，加大黑土地保护工程推进力度，实施耕地有机质提升行动。

3. 挖掘后备耕地资源

挖掘后备耕地资源是加强耕地保护和建设的着力点。全国各地在“两块地”方面发力：一块是撂荒地，鼓励因地制宜把撂荒地利用起来，宜粮则粮、宜经则经，对确实无人耕种的，支持农村集体经济组织多种途径种好用好；另一块是盐碱地，随着科技进步、开发潜力相应增大，“以种适地”同“以地适种”相结合，种子和盐碱地相互适配，分区分类开展盐碱耕地治理改良，探索盐碱地综合利用有效途径。

（四）强化农业科技和装备支撑

耕地数量有限，要想在有限的耕地上生产出更多的粮食，夯实粮食生产能力基础，根本出路在科技。以生物技术和信息技术为特征的新一轮农业科技革命正在孕育大的突破，各国都在抢占制高点。作为一个农业大国，我们绝不能落后。近年来，我国切实落实“藏粮于技”，提升种粮“软”实力，突出抓生物技术，针对我国最紧缺的粮食品种和资源性农产品，通过技术创新挖掘增产潜力；因地制宜加快推进农业机械化，克服农机短板，提升农业劳动生产效率，用科技创新赋能农业高质量发展。数据显示，目前我国农业科技创新整体水平迈入世界第一方阵，农业科技进步贡献率达到63.2%，作物良种覆盖率超过96%，农作物耕种收综合机械化率达到74%。

1. 加大育种技术和农机研发力度

为持续推动玉米种质资源创新和育种技术突破，由国内优势科研单位牵头组织的玉米基因组育种团队联合国内30余家玉米科研机构和种业公司，于2023年底启动了“玉米种质创新网络–2035”计划，为我国玉米基础种源的持续创新和战略性品种的设计与培育奠定基础。全国各地农业农村部门也积极加大技术攻关支持力度。山东省强化科技加量统筹，开展农机研发制造推广应用一体化试点，潍柴雷沃小麦高性能复式条播机可提高10%的产量。2023年四川省农业科技进步贡献率达63.9%，专家团队联合龙头企业成功培育“天府黑猪”等突破性新品种90余个。

2. 切实打造科技创新平台主阵地

数据显示，目前农业领域已布局包括国家实验室、全国重点实验室、农业农村部重点实验室、农业科学观测野外研究站以及农业科研试验基地等在内的多层次、多功能科技创新平台条件支撑体系。如今，不少省份在探索建立新型研发机构。例如，北京农业中关村借鉴荷兰“政府+科研机构+企业”的“金三角”模式，打造了集科技创新、成果转化、创新企业孵化于一体的京瓦科技中心，目前已落地蔬菜生物育种和道地药材2个全国重点实验室，吸引了16家研发机构和202家国内外农业头部企业入驻。同时，建成117个博士农场，13位院士和411位博士当“农场主”，推动农业科研与产业需求紧密结合。此外，部分由企业、大学组建的产业技术研究院、创新联盟、创新联合体等，也在打破身份和地域限制、加快科技成果转化、促进区域经济发展方面发挥着重要作用。吉林省鸿翔农业集团鸿翔种业有限公司在全国建立了11个育种中心，每年通过审定的品种超20个。

3. 强化企业科技创新主体地位

党的二十届三中全会《决定》提出，强化企业科技创新主体地位。据统计，“十四五”时期以来，在农业农村部主导的重大科技项目中，50%以上由企业牵头，参与单位中企业占50%以上。在农业领域，农业科技企业具有贴近产业、直面市场的天然优势，农业农村部支持企业深度参与重大科技创新决策，提高企业在科技项目方向确定、任务凝练、论证咨询等各环节的话语权，鼓励企业担当科研攻关和成果转化的主力军。

我国农业科技领军企业在攻克“卡脖子”技术、实现国产替代进口方面已取得部分成果。福建圣泽生物科技发展有限公司自主培育的“圣泽901”

白羽肉鸡新配套系打破了国外对白羽肉鸡种源的垄断；江苏沃得农业机械股份有限公司通过社会化产学研相结合实现了棉花收获机、大马力混动拖拉机等一系列高端农机装备的国产替代进口。同时，支持农业企业担纲国家重大科技任务是强化企业主体地位的务实之举。袁隆平农业高科技股份有限公司承担了多个国家农业科技重大项目。高产、重金属低积累、抗病虫等突破性杂交水稻培育屡获突破，高产、绿色、优质玉米新品种持续推出。

（五）推进全链条粮食减损

当前，我国粮食加工水平不断提升，粮食产加销环节和空间布局日趋分离。粮食生产是基础，储备、流通、调控、减损则是确保粮仓满粮的重要支撑。而粮食供应是一个连接粮食生产、储存、运输、流通、加工和消费等多环节、多主体、多区域的完整体系，是粮食相关产业以共生、共赢为核心组成的大系统，也是一种更为综合、更为系统，全方位、多层次的粮食安全。我国从保障生产供给端安全向保障生产、加工、贸易、流通与消费全链条的系统安全转变，构建国家粮食安全发展新格局。同时，不断完善粮食储备应急体系，提升国家、地方的战略和农户的家庭储藏能力。

1. 有效提升粮食流通率

《中共中央关于进一步全面深化改革　推进中国式现代化的决定》指出："统筹推进粮食购销和储备管理体制机制改革，建立监管新模式。"我国重视从农村的物流设施到城市的商流体系建设，实现产地批发市场到销地批发市场无缝衔接，确保产得出、供给及时、销售不断档。加快构建统一高效、协调有力的粮食安全综合保障调控体系，保持粮食价格处于合理水平。同时，不断深化粮食流通体制改革，打破限制粮食流通贸易壁垒和技术垄断，建立高效的市场调控体系和流通体系，探索建立横贯东西、联通南北的粮食进出口物流通道，降低粮食市场物流成本，提高粮食流通效率，促进国内国际粮食生产流通要素有序流动。此外，增强国际资源市场利用能力，将国内外粮食生产和进口有机结合，实施农业“走出去”战略，有效避免国际农产品市场波动对国内粮食市场的冲击。

2. 加强粮食储备能力建设

粮食储备是保障国家粮食安全的重要物质基础，要着力改革完善粮食储备管理体制，健全粮食储备运行机制，强化内控管理和外部监督，加快构建更高层次、更高质量、更有效率、更可持续的粮食安全保障体系。同时，综合考虑国内粮食生产、消费、库存、市场供应和宏观调控等各方面因素，结合历史经验，科学确定粮食储备功能和规模，优化储备布局和品种结构，确保口粮绝对安全。此外，持续健全完善粮食储备功能定位，坚持政策性职能和经营性职能彻底分开，强化政府储备公共产品属性，压实主体责任和监管责任。推动中央储备与地方储备、政府储备与企业储备互为补充、协同发展，增强调节市场稳定预期、服务宏观调控、应对突发事件和提升国家安全能力。与此同时，加强储备安全管理，增强储备调节的灵活性和精准性，增强对粮食市场波动的快速反应和及时调节能力。优化储备区域布局，中央储备主要布局在战略要地、粮食主产区、交通要道和有特殊需要的地区，地方储备主要布局在大中城市、市场易波动地区、灾害频发地区和缺粮地区，做到关键时刻储备粮调得出、用得上。最后，逐步完善了分类管理、分级负责、属地保障的粮食应急管理体制，加快形成布局合理、运转高效的粮油应急保供网络。

3. 持续深化食物节约各项行动

当前，我国食物采收、储运、加工、销售、消费每个环节都有“跑冒滴漏”。以加工环节为例，我国粮食加工出品率仅为65%左右，由米面过度加工造成的口粮损失每年高达1 000多万吨。党的二十届三中全会指出，要“健全粮食和食物节约长效机制”，切实贯彻落实这一指示，需要建立和完善相应机制，加大适用技术研发推广力度，通过适度加工、柔性加工、精准分类，减少不必要的损耗，提高成品粮出品率。在全国范围内弘扬节约光荣风尚，推进全链条节粮减损，健全常态化、长效化工作机制。挖掘粮食机收减损潜力，推广散粮运输和储粮新型装具。完善粮食适度加工标准，大力提倡健康饮食，健全部门监管、行业自律、社会监督相结合的监管体系，坚决制止餐饮浪费行为。

四、经验启示

从供需角度看，我国现阶段稻谷、小麦供需状况较好，玉米产需的缺口还较大，大豆仍然主要依靠进口，全国粮食供需处于紧平衡状态，确保粮食稳定安全供给的弦一刻也不能放松，必须牢牢守住耕地保护的红线，必须不断提高农民种粮的积极性，必须加快提升粮食综合生产能力，千方百计夯实国家粮食安全根基。

（一）“稳面积、增单产”两手发力

河北省着力在 5 个方面下功夫，持续推进粮油作物大面积单产提升：一是继续筛选推广一批抗逆稳产、高产优质品种；二是继续组装集成一批高产稳产、绿色高效、宜机适用的技术模式；三是继续普及推广一批以气力式高性能播种机和有序抛秧机为重点的新型农机具；四是继续建设一批水肥一体、集中育秧、沟渠配套的农田设施，提高防灾减灾能力；五是继续引导一批新型农业经营主体和社会化服务组织，示范带动推广增产措施，保障关键举措落地见效，促进大面积单产提升。

（二）多措并举稳定生猪生产和市场供应

河北省坚持“政策稳产能、市场调产量”的原则，做好以下三方面：一是强监测，加密生猪生产和市场形势调度分析，及时发布权威信息，有效引导市场预期；二是稳产能，指导各级落实分级调控责任，把住能繁母猪这个

调控“总开关”，保持生猪产能处于合理水平，提前部署防范和应对2025年春节后可能出现的产能阶段性过剩、猪价大幅下跌问题；三是防疫病，秋冬季猪病易发高发，相关部门应指导强化生猪养殖、运输和屠宰环节清洗消毒，加强监测预警，及时发现和处置疫情风险。

（三）建立农业科技企业库

梳理农业领域创新能力较强、潜力较大的科技型企业，形成农业科技企业库，支持其在科技创新中发挥作用。主要从3个方面予以支持：一是支持企业成为农业科技创新的“出题人”，不断完善科技攻关需求对接机制，支持企业深度参与重大科技创新决策；二是支持企业成为农业科技创新的“答题人”，进一步推动各类创新资源要素向企业加速聚集，增强企业自主创新的自主性和驱动力；三是支持企业成为农业科技创新的“阅卷人”，推动科技产业创新深度融合，让企业深度参与成果转化，主导科技成果应用场景，让科研成果真正在产业当中发挥应有作用。

08　实现农业强省的一二三二

——落实“聚焦一个主题，坚持两个确保，抓好三个提升，突出两个强化”

2024年6月16日4时，北京新发地河北魏县农副产品全链产业园车水马龙，批发采购、发货验货井然有序，这是北京新发地项目落户魏县后首日试运营的场景。

一、典型案例

魏县地处冀鲁豫三省结合部，区位特殊，交通便利，是中国鸭梨之乡、国家优质商品粮园区县、“全国绿化模范县”、河北省命名的“食用菌之乡”、林业大县。周边100公里范围有永年、莘县、内黄等在全国排名前十的蔬菜种植大县，魏县天仙果菜市场曾经是河北南部最大的农批市场，具备提升建设辐射冀鲁豫三省接合部超千万人口一级农批大市场的优势条件。近年，魏县致力于农批市场转型升级，引进了北京新发地农商航母，高起点规划建设北京新发地（魏县）农副产品全链产业园。

经过一年多的建设筹备招商，市场引进了周边城市如邯郸、安阳、濮阳、

聊城等地，乃至北京、成都、天津、郑州、石家庄等地的456家实力供应商，与天仙果菜市场等魏县本地的商家一起，共计1 200多户商家入驻，做强农批市场主力业态，补齐短板业态，增强魏县农批市场的核心竞争力。同时，从2023年11月起，市场就着手建立冀鲁豫结合部3省4市18县的采购商联盟。截至目前，加入魏县新发地采购商联盟的采购商已达2 050家，主要是魏县及周边县市的商超、二批商家、餐馆、生鲜店、食堂、酒店、集贸市场分销商等采购主力军，后续下游采购商数量将超过3 000家。

作为首都最大的农产品批发市场，新发地在全国农产品流通领域具有举足轻重的地位。这个项目的落地不仅标志着魏县在农业现代化道路上迈出了关键一步，更预示着这个小县即将成为区域性的农产品集散中心。魏县，这个曾经默默无闻的地方，如今正以喜人的速度和活力，在华北平原上崭露头角。

二、背景情况

2024 年是全面贯彻党的二十大精神、推进乡村全面振兴的关键之年，2024 年中央一号文件明确提出要锚定建设农业强国目标。客观分析河北省农业农村经济发展面临的宏观形势，对稳定农业农村经济发展、全面推进乡村振兴具有重要意义。

（一）时代背景

1. 全国经济回暖为农业农村经济发展提供宽松环境

我国陆续出台了一系列推动经济恢复发展的政策举措，有利于巩固经济向好基础。国际货币基金组织、世界银行等国际机构预测，2024 年中国经济仍将保持较高增速。我国正处于消费结构提档升级的关键阶段，中等收入群体家庭数量增加、扩大消费倾向明显，对经济的拉动作用有望保持良好态势。中央财政决定增发国债，有利于河北灾后恢复重建，补齐防灾、减灾、救灾短板。宏观经济回升向好、内需持续释放和政策支持力度加大，为河北充分利用农业农村地域、资源优势，加快推进农业现代化、发展壮大县域经济、加快建设宜居宜业和美乡村提供了强大动力和广阔空间。

2. 乡村振兴全面推进为农业农村经济发展提供了基础保障

党中央把加快建设农业强国摆在建设社会主义现代化强国的重要位置，有利于激活农业农村发展活力。习近平总书记视察河北时的重要讲话为全省农业农村发展指明了方向，保障农业、农村、农民发展的一系列政策措施将

陆续出台。这有利于畅通城乡要素流动，推进城乡融合和区域协调发展。

3. 现代化产业体系建设有利于提升农业农村创新创业水平

我国持续开展产业强链、补链、延链行动，完善扶持政策，强化梯度培育，改造传统优势产业，培育壮大战略性新兴产业，这有利于提升农村产业智能化、绿色化水平，为河北省奶业、中央厨房等5个千亿级产业工程发展提供新的契机。

4. 外部环境复杂严峻，多重挑战叠加共振

当前，世界经济下行压力较大，消费者越来越谨慎，消费需求下降。国

际政治纷争和冲突多点暴发，农产品贸易格局和供应链受到深刻影响。一些国家农产品出口政策收紧，加剧了国际农产品价格波动，我国对外依存度较高的农产品供给压力较大。

5. 农业基础还不稳固，粮食等重要农产品供应压力较大

河北省人均耕地数量少、耕地质量有待提高、水资源严重短缺、旱涝风雹等灾害时有发生，人增地减水紧的趋势难以根本扭转。随着农资价格上涨和种粮成本增加，种粮收益空间收窄，农民种粮积极性受到不同程度影响。

6. 人口零增长、负增长给“三农”工作带来新挑战

农村劳动力加快减少和劳动力大龄化并存，导致农民增收困难、社会保障需求增加、“三农”抗风险能力下降，农村空心化、农户空巢化现象严重，巩固拓展脱贫攻坚成果难度较大。

（二）政策背景

2024 年是新中国成立 75 周年，也是实现“十四五”规划目标任务的关键一年。河北省委省政府围绕贯彻落实习近平总书记关于“三农”工作的重要指示精神和中央一号文件部署要求，结合河北省省情农情，制定了《中共河北省委、河北省人民政府关于学习运用“千村示范、万村整治”工程经验有力有效推进乡村全面振兴的实施意见》，作为 2024 年河北省委一号文件已正式印发。

河北省委一号文件充分体现了河北省委省政府坚持政治站位，坚决同党中央保持高度一致，突出以学习运用“千万工程”经验为引领，把推进乡村全面振兴作为新时代新征程“三农”工作的总抓手，坚持以人民为中心的发展思想，紧扣人民群众反映最关切的问题，找准推进乡村全面振兴的出发点和落脚点，研究提出了河北省 2024 年推进乡村全面振兴各项重点任务的硬目标、硬举措，突出细化、实化、可操作，确保党中央决策部署在河北落实见效。

2024年河北省委一号文件的主要内容可以概括为“聚焦一个主题，坚持两个确保，抓好三个提升，突出两个强化”。

1.“聚焦一个主题”

“聚焦一个主题”就是坚持以习近平新时代中国特色社会主义思想为指导，全面学习运用“千万工程”经验蕴含的发展理念、工作方法和推进机制，锚定建设农业强省目标，集中力量抓好办成一批群众可感可及的实事，打好乡村振兴漂亮仗，绘就宜居宜业和美乡村新画卷，为加快建设经济强省、美丽河北，奋力谱写中国式现代化建设河北篇章作出“三农”贡献。

2.“坚持两个确保”

一是确保粮食安全和重要农产品稳产保供。严格落实粮食安全党政同责，实施粮食单产提升工程，持续开展小麦亩产跨千斤、玉米单产提百斤示范行动，带动粮食大面积均衡增产，确保粮食播种面积稳定、总产保持在740亿斤以上，坚决完成国家下达河北省粮食生产任务目标。实施耕地保护专项行动，分区分类开展盐碱地综合利用和改造提升。大力发展现代设施农业，打造一批“河北净菜”生产基地，统筹抓好“菜篮子”产品稳产保供，构建多元化食物供给体系。再接再厉做好灾后恢复重建工作。二是确保不发生规模性返贫。压紧压实各级巩固拓展脱贫攻坚成果责任，严格按照“四个不摘”要求，精准落实动态监测和帮扶措施，切实做到早发现、早干预、早帮扶。持续提升脱贫地区和脱贫人口内生发展动力，实施脱贫地区特色产业提升工程，推动优势特色产业提质增效、可持续发展，对省乡村振兴重点帮扶县给予支持。

3.“抓好三个提升”

一是提升乡村产业发展水平。聚焦粮油、蔬菜、果品、中药材、奶业、畜禽养殖等农业六大主导产业，集中力量推进奶业、中央厨房、蔬菜、中药材、精品肉类等五大千亿级产业工程，一体推进集群、园区、项目建设，加快提升产业规模和产品质量。实施农产品加工业提升行动，培育一批农产品加工业领军企业，增强河北农业质量效益和竞争力，推动农村一、二、三产业融合发展，持续扩大“这么近，那么美，周末到河北”的影响力。二是提升和美乡村建设水平。因地制宜推进村庄规划建设，扎实开展农村改厕、生活垃圾和污水治理等农村人居环境整治提升行动，加快补上乡村基础设施和公共服务建设短板，提升县域城乡融合发展水平。坚持从实际出发，聚焦农民群众所感所及的实事难事，突出重点区域，因地制宜开展和美乡村示范区、示范村建设，示范带动宜居宜业和美乡村建设。三是提升乡村治理水平。深化抓党建促乡村振兴，健全县、乡、村三级联动争创先进、整顿后进机制，健全党组织领导的自治、法治、德治相结合的乡村治理体系，突出大抓基层的鲜明导向，坚持和发展新时代“枫桥经验”，推广积分制、清单制等有效治理模式，拓展农村网格化服务、精细化服务功能，推进平安乡村创建，加强农村地区精神文明建设，深入推进移风易俗，持续提升乡村文明程度。

4.“突出两个强化”

一是强化科技和改革双轮驱动。围绕核心种源、农机装备、耕地质量提升和农业节水等方面开展核心技术攻关和成果应用，加快推进种业振兴步伐，全面提升农机、水利、农业防灾减灾等基础设施设备装备水平，强化现代农业产业技术体系创新团队建设和作用发挥，提升农业创新驿站全产业链服务质量，进一步夯实农业发展基础。持续深化农村土地制度、集体产权制度等农村重点领域改革，实施新型农业经营主体提升行动，推动各类新型农业经营主体实现高质量发展。二是强化农民增收致富举措。坚持把增加农民收入作为“三农”工作的中心任务，支持发展县域富民产业和家庭经营项目，强化产业联农带农机制，支持农户因地制宜发展家庭经营项目。深化京津冀劳务协作，加强农民工就业服务保障，稳定就业规模，多途径帮助农民增收。

同时，文件就加强党对“三农”工作的全面领导、压实五级书记抓乡村振兴责任、巩固拓展学习贯彻习近平新时代中国特色社会主义思想主题教育成果和严格落实“四下基层”制度等方面作出了明确要求，并进一步完善了资金、土地、人才、项目、生态等要素投入保障机制，确保农业农村优先发展。

三、实践探索

党的二十届三中全会提出，坚持农业农村优先发展，完善乡村振兴投入机制。要深入学习贯彻习近平总书记重要指示和中央农村工作会议精神，扎实推进农业强省建设和乡村全面振兴，为加快建设经济强省、美丽河北，奋力谱写中国式现代化建设河北篇章提供有力支撑。

（一）以重点工作推动农业高质量发展

河北省在若干重点农业工作中持续精准发力，从做大做强农业主导产业到建设高水平“菜篮子”产品基地，再到推动产业融合发展等方面，全方位、多举措不断推动河北省农业迈向高质量发展之路，为乡村振兴注入强劲动力。

1. 做大做强农业主导产业

聚焦粮油、蔬菜、果品、中药材、奶业、畜禽养殖等农业六大主导产业，一体化推进集群、园区、项目建设，推动一批规模种养、精深加工、仓储保鲜等延链、强链、补链重大项目落地实施，引导资本、人才、土地等要素向园区集聚，培育一批彰显地域特色的产品品牌、企业品牌、区域公用品牌，提高特色主导产业市场竞争力。

近年来，河北魏县根据县域县情实际，紧抓京津冀协同发展机遇，坚持以农业供给侧结构性改革和农业结构调整为主线，以农民持续增收为根本目的，统筹推进一、二、三产业融合发展，持续做优存量、做大增量、提升质量，产业发展特色优势明显。坚持无中生有、有中生优，大力发展以鸭梨、食用菌、甘薯为主导的特色农业，致力打造和擦亮中国鸭梨之乡、食用菌之乡、中国甘薯之乡三张名牌。

2. 加大项目推进力度

围绕农业六大主导产业、五大千亿级工程和灾后重建等重点领域，引进落地一批带动性强的大项目好项目，推动河北省优势特色产业集群化、融合化发展。推动已签约项目尽快立项开工，提高项目投资率。制定主导产业投资指引，精准开展产业链招商，确保全年完成农业项目签约引资额 1 800 亿元以上、项目投资 1 100 亿元以上。

3. 加快建设高水平“菜篮子”产品基地

持续推动菜蛋肉奶等“菜篮子”产品稳产提质。以衡沧高品质蔬菜产业示范区为重点，打造设施蔬菜规模化园区。加快老旧设施改造，新建一批立体种植、智能调控的连栋温室或植物工厂。与北京共建 150 个以上环京周边蔬菜生产基地，打造 100 个“河北净菜”生产示范基地，推进净菜进京。北京新发地市场在魏县的落地，对于所在区域，不仅实现了农产品的产销对接，还将迎来农业标准化升级。

4. 着力推动产业融合发展

做大做强农产品加工业，支持农产品加工企业向产地下沉、向园区集中，开展农业产业化创新先行县创建，培育发展预制菜产业，提升净菜、中央厨房等产业标准化和规范化水平。加快推进农产品产地仓储保鲜冷链物流设施建设，改造县级物流配送中心和乡镇商贸中心。大力发展农村电商，积极发展休闲农业和乡村旅游等新产业、新业态。

河北魏县依托农业产业化龙头企业，促进上下游链条紧密衔接，致力于打造农业产业化、链条化、一体化全产业链发展格局。2021 年，魏县建成了运营总投资 4 000 万元的梨花小镇植物博览园项目，该项目建有现代农业馆、热带水果馆、热带风情馆及采摘区，使科技农业、生态农业、观光农业三者有机地结合在一起，较好地发挥了农业项目的生态效益、经济效益和社会效益。同时，魏县利用园区内的梨、水、美丽乡村等资源，连续举办梨花节和鸭梨采摘节，“农业 + 文化”“农业 + 旅游”等融合发展呈现良好态势，农业融合对县域经济、农民增收的拉动作用不断增强。

5. 完善支撑服务体系

加强 43 个现代农业产业技术体系创新团队建设，提升全产业链科技支撑水平。做大做强 15 个优势种业企业建设小型种质资源库、创新联合体和商业化育种中心。开展金融支农，规范引导社会资本投入，推进乡镇金融服务专员试点建设。培育多元化服务组织，向农户提供机耕机收、统防统治、代耕代种、统一购销等服务，提高生产经营组织化水平。

截至 2023 年，河北魏县现有与梨产业相关的贮藏、制箱、装潢、包装、运输、中介、专业服务组织近百家，常年从事经销的经纪人队伍有 4 000 余人，建有恒温冷藏库 107 座、小型冷藏库 200 余座，总贮藏能力达到 20 余万吨。聘请农业农村部规划设计院编制了《河北省魏县鸭梨现代农业产业园总体规划》，招商入驻多家企业，有力促进了鸭梨精深加工。

（二）借鉴"千万工程"经验，提升乡村治理水平

农村硬件重要，软件同样重要。河北省在学习借鉴"千万工程"经验、推进乡村全面振兴中，始终坚持软硬结合、塑形铸魂，统筹推进农村物质文明和精神文明协调发展，着力提升乡村治理水平，推动农村由"物的新农村"向"人的新农村"迈进，努力把农村建设成为农民身有所栖、心有所依的美好家园。

1. 深化抓党建促乡村振兴

加强农村基层党组织建设，突出大抓基层的鲜明导向，推动干部下沉，优化驻村第一书记和工作队选派管理。强化县级党委抓乡促村责任，健全县乡村三级联动争创先进、整顿后进机制。健全村党组织领导的村级组织体系，持续开展"争先创 A"行动，推行村级议事协商目录制度。特别需要指出，2024 年的河北省委一号文件提出，要加大编制资源向乡镇倾斜力度，县级以上机关一般不得从乡镇借调工作人员，严格实行上级部门涉基层事务准入

制度。

2. 持续加强乡村文化建设

深入开展感党恩、听党话、跟党走宣传教育活动。加强新时代文明实践中心（站、所）建设，切实发挥县级新时代文明实践中心、乡镇（街道）新时代文明所、村（社区）实践站三级阵地作用。大力弘扬和践行社会主义核心价值观，巩固党在农村的思想阵地，宣传好党的路线方针和强农惠农富农政策，做好农民群众的思想工作。标准化建设镇村两级综合文化站、文化中心，探索实施“文化产业特派员”制度，促进城市优质文化资源下沉。开展“大地欢歌”乡村文化建设年、“戏曲进乡村”“冀农乐”系列农民体育活动等，不断丰富农民群众精神文化生活。

3. 深入推进农村移风易俗

充分发挥红白理事会、道德评议会等农村基层群众组织作用，抓好高额彩礼、大操大办、薄养厚葬、散埋乱葬等突出问题综合治理，完善婚事新办、丧事简办、孝老爱亲等约束性规范和倡导性标准，不断提升乡风文明程度。

4. 扎实开展平安乡村建设

坚持和发展新时代“枫桥经验”，推动矛盾纠纷多元化解“一站式”平台建设，把矛盾纠纷化解在基层、化解在萌芽状态。推进信访工作法治化，开展信访积案攻坚和突出问题系统治理，推动信访形势持续好转。常态化推进农村扫黑除恶，持续打击处置农村邪教和非法宗教活动。深入开展农村道路、燃气、消防、渔船等重点领域安全隐患治理攻坚，为农村社会经济发展营造安全稳定环境。

（三）因地制宜抓好宜居宜业和美乡村建设

河北省在认真学习运用浙江“千万工程”经验基础上，结合河北乡村发展实际，按照“分层分类、梯次推进”的原则，引导全省所有行政村明确村庄发展定位和阶段性建设目标，合理确定村庄布局和建设边界，立足区域和村庄产业基础、文化特色、地理风貌、区位禀赋，因村施策、补齐短板、提档升级，选择各具特色的建设模式和路径，提高村庄宜居宜业水平。重点抓好了以下 4 个方面工作。

1. 打好人居环境整治提升“第一仗”

将农村人居环境整治提升作为推进和美乡村建设的“第一仗”，从人民群众所感所及的“脏乱差”问题清理整治入手，深入开展村庄清洁攻坚行动，健全农村生活垃圾收运处置体系；探索推行农户自愿按标准改厕、政府验收合格后补助到户奖补模式，因地制宜推进农村改厕；分类梯次推进农村生活污水治理，探索农村“黑水”“灰水”一体化处理有效模式，力争年内全省村庄环境显著改观、干净整洁。

2. 实施好基础设施补短板和公共服务提升工程

围绕水、电、路、信、房等农村基础设施短板，谋划实施供水水质提升、电网巩固提升、重点村镇新能源汽车充换电设施规划建设、“四好农村路”建设、入户道路硬化、农村危房改造和农房抗震改造、智慧广电乡村工程试点等一批基础设施补短板工程。同时，围绕教育、医疗、养老等农村公共服务弱项，大力发展农村学前教育，办好乡村小规模学校，提升普通高中办学水平；稳步提高乡村医生中具备执业（助理）医师资格人员比例；加快将村卫生室纳入医保定点管理；支持具备条件的乡镇养老机构转型提升为区域性养老服务中心，鼓励发展老年助餐和互助服务，实施综合服务站示范提升工程。通过实施一系列工程，加快补齐农村基础设施短板，提升公共服务水平，切实改善农民生产生活条件。

3. 重点抓好和美乡村建设

将和美乡村示范区、示范村作为推进和美乡村建设的重要抓手和载体。经自下而上申报推荐、专家评审、按程序报审研究，围绕环京津、雄安新区、大运河国家文化公园、长城国家文化公园、滹沱河沿岸等重点区域，共布局建设 9 个省级和美乡村示范区。示范区将围绕区域主题特色，连片布局公共设施、特色产业，统筹区域整体风貌设计、重要节点打造，明确重点项目和建设时序，做到规划科学、连片建设、梯次推进、整体提升，切实发挥示范带动作用。同时，年底前将择优认定 200 个左右省级和美乡村示范村，示范引领全省高质量建设宜居宜业和美乡村。

4. 健全科学有效推进机制

严格落实五级书记一起抓的机制，省和美乡村建设工作领导小组定期召开调度会议，逐级建立稳定的协调推进机制。建立协同推进机制，强化资源整合，引导各类资源要素向和美乡村示范区倾斜集聚。建立完善标准体系，研究出台和美乡村建设标准和示范区建设指引，指导全省分区分类、因地制宜推进和美乡村建设。建立统筹推进机制，紧密围绕农民生产生活、所感所及，统筹推进村庄规划、人居环境、公共设施、乡村产业、乡村治理、乡风文明等各方面工作，全面提升宜居宜业水平。

四、经验启示

中华人民共和国成立 75 周年以来，河北农业和农村经济飞速发展，农业实现由传统农业向现代农业的转变，农村实现贫穷落后到环境优美的转变，农民生活实现温饱不足到迈向全面小康的转变，农林牧渔业生产能力不断提升，农产品更加丰富，农村更加美丽，农民更加幸福。河北魏县的发展，不仅仅是一个县域的成功，更是邯郸市乃至河北省发展战略的缩影，它的成功经验为其他县域的发展提供了有益借鉴。

（一）突出特色，明确主攻方向，优化农业区域布局

以市场为导向，以自身资源优势为依托，突出特色产业重点培育，不断做大规模做强企业，进一步调整优化农业区域布局，为农产品加工龙头企业发展建设提供稳固可靠的配套基础和充足的合格原料，为龙头企业发展提供

良好的发展环境。

（二）着力推进科技创新，实施品牌带动战略，培育壮大龙头企业

鼓励产学研合作，加速成果转化，引进扶持发展科技含量高、技术创新能力强、拥有自主知识产权的现代农产品加工企业，增强龙头企业的核心竞争力。按照“扶优、扶大、扶强”的原则，对发展前景看好、有特色的骨干企业从政策、资金、技术、人才、管理等方面给予重点扶持。

（三）进一步完善利益联结机制，带动农户增收致富

认真总结宣传推广龙头企业带动农户增收致富、发展现代农业的好经验好做法，引导龙头企业与合作组织有效对接，引导龙头企业创办、领办或与农户联合兴办各类专业合作组织，积极组建“龙头企业 + 专业合作组织 + 农户”农业产业化链条合作模式，鼓励龙头企业采取股份分红、利润返还等形式将销售环节的部分收益让给农户，使其共享农业产业化发展成果。

（四）落实政策措施，加大资金投入力度

争取各种惠农政策和资金支持，改善农业产业化条件；加大资金投入力度，在现有基础上增加扶持农业产业化发展的相关资金，切实加大对农业产业化和龙头企业的支持力度；积极创新金融产品和服务方式，多渠道整合和统筹支农资金，有效满足龙头企业的资金需求。

09 建设天蓝地绿水秀的美好家园 打造高品质生态环境的美丽河北

中国地理学会的朱祖希老师在《美丽中国系列：美丽河北》书中这样概括河北：北依燕山，南望黄河，西靠太行，东坦沃野，内守京津，外环渤海，实华北之中心，京津之腹地。高原、山地、丘陵、平原、湖泊和海滨兼而有之，是华北大地上最富自然魅力的省份之一。

中国共产党河北省第九次代表大会首次提出了“美丽河北”的概念，中国共产党河北省第十次代表大会进一步提出了“加快建设现代化经济强省和‘美丽河北’的奋斗目标”。省党代会明确了“美丽河北”建设是未来一段时间内河北发展的总体方向之一，彰显了对生态文明建设的高度重视。

一、典型案例

2024年，河北省政府办公厅印发《关于河北省塞罕坝机械林场“二次创业”高质量发展的实施意见》，实施意见围绕塞罕坝精神铸魂工程、生态系统提质工程、生物多样性保护工程、数字赋能绿色低碳经济工程、创新驱动科技支撑工程、森林草原智慧防灾减灾工程、基础设施升级改造工程等七大工程提出了22项具体任务。到2026年，林场森林覆盖率由82%提高到84%，单位面积森林蓄积量由2021年的135立方米/公顷增加到142立方米/公顷，森林湿地资产总价值由2021年的231亿元提高到237亿元。到2035年，塞罕坝森林覆盖率维持在86%，单位面积森林蓄积量增加到160立方米/公顷，森林湿地资产总价值达到260亿元，培育混交林面积比例超过35%，森林碳汇能力较2021年提高20%以上，完成燕山—塞罕坝国家公园创建，打造全球生态文明和绿色发展示范区。

二、背景情况

2024年3月4日，河北省委书记倪岳峰在《新华每日电讯》上发表署名文章《加快建设经济强省美丽河北 扎实推进高质量发展向上突围》，强调“把坚持高质量发展作为新时代的硬道理，完整准确全面贯彻新发展理念，积极服务和融入构建新发展格局，加快建设经济强省、美丽河北，奋力谱写中国式现代化建设河北篇章”。文中提到“坚持把生态环境质量作为高质量发展的一个重要衡量标尺”，展示了美丽河北的宏伟蓝图。这个“美丽”是人民对美好生活的向往，也是河北省委为维护生态环境亮明的政治态度。

党的二十大报告中明确提到了“要推进美丽中国建设”。2023年以来，习近平总书记在不同场合多次强调了生态环境保护的重要性，并指出今后五年作为美丽中国建设的关键时期，需要深入贯彻习近平新时代中国特色社会主义生态文明思想，坚持人民至上，树立践行“绿水青山就是金山银山”的理念。

党的十八大以来，生态环境保护在中国取得了显著的历史性成就。这些成就离不开党中央的坚强领导，特别是习近平生态文明思想的指导。这一思想体系不仅深化了我们对生态环境保护的规律性认识，而且为国家的长远发展提供了坚实的理论基础。在“五位一体”的总体布局中，生态文明建设占据重要地位；在新时代坚持和发展中国特色社会主义的基本方略中，人与自然和谐共生成为基本原则之一；在新发展理念中，“绿色”成为核心元素；在三大攻坚战中，污染防治是其中一战；在到 21 世纪中叶建成社会主义现代化强国的目标中，美丽中国是其组成部分之一。党的二十届三中全会通过的《决定》中，进一步强调了“加快经济社会发展全面绿色转型”，提出“健全生态环境治理体系，推进生态优先、节约集约、绿色低碳发展，促进人与自然和谐共生”。

在“十四五”规划期间，为了确保生态文明建设的有效实施，一系列体制改革和制度创新相继出台。针对未来提出的远景目标——到 2035 年，绿色生产生活方式将广泛形成，碳排放达到峰值后稳定下降，生态环境根本好转，美丽中国建设目标基本实现。这些目标体现了国家对未来生态环境质量的高标准高要求，同时也为各级政府和社会各界指明了方向。

在这个过程中，河北作为一个重要的省份，其地理位置决定了它在京津冀协同发展中的特殊作用。因此，河北省积极响应国家号召，致力于推动“美丽河北”的建设。河北省委书记倪岳峰在 2023 年河北省生态环境保护大会上明确提出，在推进全面绿色转型中实现新突破，加快建设天蓝、地绿、水秀的美丽河北，努力为建设美丽中国作出积极贡献。

2024 年，河北省政府工作报告进一步强调了全面绿色转型的重要性，指出要通过协同推进降低碳排放、减少污染、扩大绿化面积和经济增长，来建设天蓝、地绿、水清的美丽河北。报告还指出，要以高质量的生态环境支持高质量的发展，这不仅是对国家整体发展战略的响应，也是对河北自身可持续发展的必然选择。

三、实践探索

按照河北省委省政府的实施意见，加快建设经济强省、美丽河北——到2027年，全省环境质量持续改善，生态质量稳步提升，绿色发展深入推进，城乡品质显著提高，生态安全有效保障，环境治理体系更加健全，美丽河北建设成效显著；到2035年，全省生态环境根本好转，国土空间开发保护格局全面优化，绿色生产生活方式广泛形成，碳排放达峰后稳中有降，生态安全更加稳固，生态环境治理体系和治理能力现代化基本实现，美丽河北建设目标基本实现；到本世纪中叶，生态文明全面提升，绿色发展方式和生活方式全面形成，重点领域实现深度脱碳，生态环境健康优美，天蓝、地绿、水秀的美丽河北全面建成。

可以看到，“降减扩增”是我们肩负的责任，“蓝、绿、秀”是我们可以期盼的目标。

（一）蓝天重现：大气污染防治的河北实践

河北作为中国的工业重地，曾经因严重的空气污染问题备受瞩目。特别是冬季的雾霾现象影响了居民的生活质量，严重威胁了居民身心健康。自2013年起，河北开始了大气污染治理的漫长征程。在这场战役中，河北采取了一系列强有力的措施，从源头治理到末端控制，多管齐下，取得了显著成效。

1. 大气污染治理

河北加强了挥发性有机物的综合治理，推进燃煤污染治理，强化了移动源、非道路移动机械和油品质量监管。扬尘污染防治和噪声污染防治行动也在持续进行中。这些措施不仅减少了污染物的排放，还增强了公众对于环境保护的意识。河北通过制定严格的排放标准，对重点行业实施超低排放改造，大幅降低了工业排放对空气质量的影响。同时，河北还加强了对机动车尾气排放的监管，推广使用清洁能源车辆，减少了机动车尾气对空气质量的负面影响。

2. 重点城市空气质量“退后十”

河北针对重点城市和重点行业的结构性污染问题，采取了综合性治理策略。通过产业结构调整、能源结构调整、交通运输结构调整等手段，大幅削减了污染物排放。同时，河北还加强了颗粒物（PM10）、一氧化碳、臭氧等重点污染物的治理，强化了区域联防联控联治机制。河北通过优化产业结构，推动传统产业转型升级，发展高新技术产业和战略性新兴产业，减少了高污染、高耗能产业对环境的影响。在能源结构调整方面，河北大力发展清洁能源，减少煤炭消费，推广使用天然气、太阳能、风能等可再生能源，减少了化石能源对环境的污染。在交通运输结构调整方面，河北大力发展公共交通，鼓励绿色出行，减少了机动车尾气排放。

3. 细颗粒物（PM2.5）达标和重污染天气消除

河北统筹节能、减煤、控车、治企、增绿、抑尘等多方面措施，加强了细颗粒物和臭氧的协同治理。通过建立“三线一单”和污染物排放总量管控制度，推动产业结构深度调整优化，严把生态环境准入关口，坚决遏制“两高”项目盲目发展。河北通过实施严格的环保标准，推动重点行业实施超低排放改造，减少了工业排放对空气质量的影响。在节能方面，河北推广使用节能技术和设备，提高了能源利用效率，减少了能源消耗。在减煤方面，河北积极推动煤炭消费减量替代，减少煤炭使用量，减少了煤炭燃烧产生的污染物排放。在控车方面，河北推广使用清洁能源车辆，减少了机动车尾气排放。在治企方面，河北加强对企业的环保监管，确保企业达标排放。在增绿方面，河北大力植树造林，增加绿地面积，改善了城市环境。在抑尘方面，河北加强对建筑工地扬尘的管控，减少了扬尘污染。

2024 年一季度数据显示，河北全省空气质量综合指数平均为 4.73，同比下降 9.4%，PM2.5 平均浓度降至 54 微克 / 立方米，比 2023 年同期下降 5.3%。

全省优良天数增加了 10 天，达到 68 天，重污染天数减少了 1 天。河北通过实施严格的环保措施，推动了空气质量的持续改善，为居民创造了更加宜居的环境。通过优化产业结构、能源结构、交通运输结构，不仅减少了污染物排放，还促进了经济的绿色发展。

（二）绿意盎然：土壤与地下水污染防治的河北实践

净土保卫战是河北生态文明建设的另一重要战场。河北通过实施土壤污染防治行动，强化了污染地块的风险管控，确保了建设用地的安全利用。截至 2023 年底，河北累计将 5 933 个地块纳入全国建设用地土壤环境管理信息系统，其中 5 250 个地块已完成调查评估或治理修复，可以安全开发利用。

1. 土壤污染防治

河北深入开展土壤污染源头防控行动，推进农用地土壤重金属污染溯源和整治全覆盖，依法加强建设用地用途变更和污染地块风险管控联动监管。健全省级地下水环境监测网，强化现场监督检查，严防违法违规开发利用。河北通过实施土壤污染源头防控行动，加强了对农用地土壤重金属污染的溯源和整治，减少了重金属污染对土壤的影响。在建设用地用途变更方面，河北严格执行环保标准，确保污染地块得到有效治理，防止新增污染。在地下水环境监测方面，河北建立了完善的监测网络，加强了对地下水环境的监管，确保了地下水的质量。

2. 筑牢自然生态屏障

河北构建了“两屏两带三区多廊”的生态修复格局，加强了自然保护地的建设和生态系统的保护修复。通过实施山水林田湖草沙一体化保护和修复工程，不仅提升了森林覆盖率，还改善了草原、湿地、海洋等自然生态系统的健康状况。通过构建“两屏两带三区多廊”的生态修复格局，加强了自然保护地的建设和生态系统的保护修复，提高了生态系统的稳定性。在山水林田湖草沙一体化保护和修复工程方面，通过植树造林、湿地保护、河流治理

等措施，提高了生态系统的健康水平。

河北不断巩固绿色生态屏障，通过实施严格的土壤污染防治措施，确保了建设用地的安全利用，为居民创造了更加安全的居住环境。通过构建生态修复格局，不仅提高了生态系统的稳定性，还为居民提供了更多的休闲娱乐场所。

（三）水色秀美：水生态环境保护的河北实践

碧水保卫战旨在促进“人水和谐”，提升水生态环境质量。河北通过优化调整水功能区划、推进水源地规范化建设、加强入河入海排污口排查整治等一系列措施，有效改善了地表水环境质量。特别是在白洋淀生态环境保护方面，河北坚持“补水—治污—防洪”一体推进，打造了清新、灵动、低碳、美丽的白洋淀。

1. 水生态环境保护

河北优化调整了水功能区划，推进水源地规范化建设和备用水源地建设，加强入河入海排污口排查整治，全面建成排污口监测监管体系。落实重点行业企业污水治理与排放水平绩效分级要求，基本消除城乡黑臭水体，协同推进陆海污染防治、生态保护修复和近岸海域环境整治。河北通过优化调整水功能区划，推进水源地规范化建设和备用水源地建设，确保了饮用水的安全。在入河入海排污口排查整治方面，河北加强了对排污口的监管，减少了污染物直接排放到水体中。在污水治理方面，河北推动重点行业企业实施污水治理，减少了工业污水对水体的影响。

2. 地表水环境治理

河北围绕各主要河流流域、京津水源涵养区、环渤海、冀中南、大运河等区域分区施策、分类指导，推动水环境质量全面提升。强化工业、农业节水，合理建设再生水管网，推进区域再生水循环利用。加强衡水湖、南大港等湿地保护，推进察汗淖尔生态环境保护。河北通过分区施策、分类指导，推动了水环境质量的全面提升。在工业、农业节水方面，河北推广使用节水技术和设备，提高了水资源利用效率。在再生水利用方面，河北建设了再生水管网，推进了区域再生水循环利用，减少了对新鲜水资源的需求。

3. 白洋淀生态环境保护和治理

白洋淀是华北平原最大的淡水湖泊，被誉为“华北之肾”。河北坚持“补水—治污—防洪”一体推进，全流域全面推行“六无”标准，加强汛期水污染应急管理，因地制宜建设河口生态湿地，提高水生态环境承载力。优化水资源配置，完善多水源补水机制，推动上游入淀河流生态容量稳步提升。河北通过实施“补水—治污—防洪”一体推进，提高了白洋淀的水生态环境质量。在水资源配置方面，河北优化了水资源配置，完善了多水源补水机制，确保了白洋淀的水量充足。在河口生态湿地建设方面，河北加强了对河口生态湿地的保护，提高了水生态环境的承载力。

到 2023 年，河北累计完成河道生态补水 58.55 亿立方米，7 条河流完成国家下达的生态流量保障目标，白洋淀水质连续三年巩固保持Ⅲ类。河北通过实施严格的水生态环境保护措施，提高了水体的水质，为居民提供了更加清澈的水资源。通过优化水资源配置和建设生态湿地，提高了水生态环境的稳定性，为居民创造了更加宜居的环境。

（四）低碳增效：碳达峰碳中和与绿色发展的河北实践

“降碳”是实现绿色发展的支柱之一，河北通过实施碳达峰碳中和行动，积极推进能源结构调整，大力发展非化石能源，推动能耗双控向碳排放总量和强度双控转变。河北省碳达峰碳中和公共服务中心及公共服务平台的成立，为企业提供了碳资产管理、碳足迹管理等一系列服务，助力企业实现绿色转型。

1. 碳达峰碳中和

河北严格落实国家有计划、分步骤实施碳达峰行动政策要求，大力削减煤炭消费，积极发展非化石能源。推动能耗双控逐步转向碳排放总量和强度双控，按照国家部署做好减污降碳协同创新试点工作。积极参与全国碳排放权交易市场和温室气体自愿减排交易市场建设。河北通过实施严格的碳排放控制措施，推动了能源结构调整，减少了碳排放。在非化石能源发展方面，大力发展风能、太阳能等可再生能源，减少了对化石能源的依赖。在碳排放总量和强度双控方面，严格执行碳排放标准，推动了企业实现碳减排。

2. 土壤与地下水污染防治

河北加强耕地土壤污染防治，实施农用地土壤镉等重金属污染源头防治行动，整治历史遗留废渣、尾砂、冶炼粉尘等固体废物。严格建设用地准入管理，防范工矿企业新增土壤污染，依法开展土壤污染状况调查和风险评估，

严格管控暂不开发利用污染地块。通过加强耕地土壤污染防治，减少了重金属污染对土壤的影响。在建设用地准入管理方面，严格执行环保标准，确保污染地块得到有效治理，防止新增污染。在土壤污染状况调查方面，加强了对土壤污染状况的调查和风险评估，确保土壤环境的安全。

2024 年 5 月，河北省碳达峰碳中和公共服务中心揭牌仪式暨河北省碳达峰碳中和公共服务平台正式上线仪式在沧州高新区举办，标志着河北省首家碳达峰碳中和公共服务平台全面对外运营服务。

四、经验启示

河北在推进美丽河北建设的过程中，始终坚持政策引领与制度保障相结合。通过制订详细的行动计划和实施方案，明确了各项工作的具体目标和任务。同时，建立健全了相应的监管机制，确保各项政策措施能够得到有效执行。这种制度化的管理方式，为河北的生态环境保护工作提供了坚实的保障。

一是科技创新与技术支持。这是河北生态环境保护工作的重要支撑。通过引进和研发先进的环保技术和设备，在大气污染治理、水污染防治等方面取得了显著成效。二是公众参与和宣传教育。公众参与和宣传教育是推动美丽河北建设的重要环节。通过多种形式的宣传教育活动，增强了公众的环保意识，激发了社会各界参与环境保护的积极性。三是区域合作与联动机制。这是解决跨区域环境问题的有效途径。河北与其他省市建立了紧密的合作关系，通过信息共享、技术交流等方式，共同应对环境污染问题。

10　人与自然和谐共生的现代化城市

——秦皇岛“生态城市”发展模式选择

党的十八大已将生态文明融入经济、政治、文化、社会建设之现代化建设的“五位一体”总体布局中，引领全面推动绿色可持续的生态现代化建设。党的十九大报告提出要牢固树立社会主义生态文明观；要坚定不移地贯彻“创新、协调、绿色、开放、共享”新发展理念，把“美丽中国”建设作为实现中华民族伟大复兴中国梦的重要内容；克服工业化引发的生态灾难，走进生态文明新时代。党的二十大报告提出尊重自然、顺应自然、保护自然，是全面建设社会主义现代化国家的内在要求。党的二十届三中全会《决定》中提出深化生态文明体制改革。习近平总书记提出著名的“两山”理论，坚持和完善新时代中国特色社会主义生态文明制度体系，是实现中华民族千秋万代可持续发展的客观需要，是适应新时代社会主要矛盾不断变化的客观需要，也是推动社会经济的高质量发展的客观需要，更是构建人类命运共同体和携手共建美丽世界的客观需要。生态城市是一个集合了社会、经济、自然等因素的综合系统。建设生态城市是生态文明建设的核心和实现可持续发展的必然选择。在京津冀协同发展背景下，随着沿

海地区率先发展战略的实施，为秦皇岛市生态文明城市建设提供了难得的历史机遇，在新的发展时期，秦皇岛市推进“生态立市”的战略实施已迫在眉睫。

一、典型案例

秦皇岛市委市政府将打造新能源强市作为重要的发展战略，大力开发风电等新能源。金风科技作为全球领先的新能源与可再生能源领域头部企业，在科研、产品设备、产业投资等方面积累了多年的优势，与秦皇岛推进新能源强市发展战略高度契合。金风科技秦皇岛专项工作组组长、北京天润新能投资有限公司副总经理侯先锋表示：“金风科技扎根秦皇岛的初心在于双方在绿色转型、‘双碳’目标达成以及新能源强市战略实现等方面拥有良好的合作基础。”

秦皇岛市拥有丰富的海陆风电资源，7 802 平方公里的土地上拥有超过 500 万千瓦的陆上风电储备容量，1 802 平方公里的海域面积蕴含着 1 700 万千瓦的海上风电资源，发展风电条件得天独厚。秦皇岛地处渤海湾中部，拥有天然的不冻良港，为未来海上风电的发展、运输、工程建设等提供了天然优势。

为促进新能源产业发展，秦皇岛市近年来不断优化营商环境，组建工作专班，在新能源产业落地、新能源投资项目落地以及文化教育事业落地过程中提供高效对接。项目审批、用地手续办理、活动策划等环节通过专班模式与企业对接，为整个投资项目的落地打下了坚实基础。市委市政府每月针对重点项目的进度、质量等进行实时调度，发现问题及时解决。侯先锋表示：“秦皇岛市遇到问题不隔夜，立刻解决的优良营商环境，让我们前来投资有了巨大的信心。企业将把握机遇，布局新能源，在‘生态之城’谱写高质量发展新篇章。”

二、背景情况

2015 年 11 月 16 日，《中共河北省委关于制定河北省“十三五”规划的建议》正式颁布，该建议明确了河北省的五大功能区，并对秦皇岛等 11 个地级市的功能定位和发展制订了详细规划。根据《河北省城镇体系规划（2016—2030 年）》，秦皇岛市的城市定位被划分为 6 个方面。

（一）国际旅游城市

秦皇岛作为海滨旅游城市，具备丰富的旅游资源。随着“海情世界名人城”城市主题文化项目的落实，秦皇岛正逐步构建世界知名的旅游城市。旅游量以每年 1 000 万人次的速度递增，北戴河已成为亚洲最大的疗养区域。河北省城镇体系规划提出，要有效落实服务行业的改革，推动养老、海滨度假、游艇、农业、葡萄酒等产业的全面发展，创建国际滨海度假休闲区域。

（二）国际港口城市

《秦皇岛宣言》指出，秦皇岛将发展为国际港口城市，构建新亚欧大陆桥北方桥头堡。秦皇岛港是全球第一能源输出港，主要运输煤炭，集装箱吞吐量已达到 300 万标准箱。2018 年，河北省颁发了《关于提高城市国家化建设水平的实施方案》，强调京津冀地区的协同发展，重点完善城市国际化功能，构建具备国际影响力的国际化城市。

（三）世界名人经济城市

秦皇岛通过“海情世界名人城”项目推动旅游、商贸、文化等产业的发展，形成了独特的经济态势。秦皇岛的目标是成为名人商品的生产、交易、孵化、物流、疏散基地，形成国际经济大循环。

（四）国际会议中心城市

秦皇岛作为北京的后花园，每年承办国际会议上百个。随着“海情世界名人城”项目的推进，秦皇岛将举办更多的国际性会议和活动，进一步巩固其国际会议中心的地位。

（五）国际金融城市

秦皇岛通过海情世界名人文化的推广，吸引了大量国际资本。未来，秦皇岛将发展成国际金融中心，吸引更多的金融机构入驻。

（六）国际健康城

《河北省城镇体系规划（2016—2030年）》提出将秦皇岛发展为国际健康城。2017年，国务院提出将秦皇岛打造为健康城的目标，北戴河生命健康产业创新示范区的发展总体规划也获得了发改委等十三部委的批准。

三、实践探索

观察秦皇岛市“生态城市”的实践探索之旅，这座城市展现出了不懈探索与勇往直前的精神风貌，在发展的征途上稳步前行。经过一连串的实践摸索与策略调整，秦皇岛市不仅积累了宝贵的经验，还逐渐开辟出一条特色鲜明的发展路径。在此过程中，对于未来方向的深刻洞察与规划，提出了系列设想，悄然引导着“生态城市”向更加科学合理的目标迈进。

（一）合理利用土地资源，科学编制城市规划

秦皇岛市在生态城市发展中，注重合理利用土地资源，科学编制城市规划，通过合理的城市布局，确保城市基础设施完备，构建便利、绿化、净化的生态城。城市规划中注重自然和城市环境的和谐共生，强调以人为本，保

护传统文化，实现环境、经济、社会的最佳效益。

1. 科学编制城市规划

（1）合理布局城市发展

秦皇岛市在城市规划中注重合理布局城市发展，确保城市基础设施完备。通过科学规划，秦皇岛市构建了合理的空间结构和发展布局，保障城市基础设施的完备，创建了便利、绿化、净化的生态城。例如，秦皇岛市在城市规划中充分考虑了交通、供水、供电、通信等基础设施的布局，确保这些设施能够满足城市发展的需求，同时减少对自然环境的影响。

（2）提升城市文化层次

在城市发展中，秦皇岛市全面抓住规模、布局、功能、特色的自我定位，实现城市定位的明确，精准判断自身规模和特色，合理把握人口规模，避免人口的盲目扩张，改善人口分布。协调城市规划中不同部门的关系和职责，不断前进，创建经济优良、环境优美、科技发达的理想城市。例如，秦皇岛市在北戴河区域重点发展旅游业和疗养业，而在市区则重点发展现代服务业和高新技术产业，形成了各具特色、功能互补的发展格局。

（3）以人为本的规划理念

在生态城市规划中，秦皇岛市将自然和人视为统一整体，突出以人为本的观念，注重秦皇岛市的自身环境特色和群众的生活模式。有效征集秦皇岛市居民的迫切希望，并将居民的愿望添加到城市建设中，更好地服务于民。例如，秦皇岛市在规划中充分考虑了居民的出行需求，增加了步行道和自行车道，鼓励绿色出行，减少了机动车的使用，提高了城市的宜居性。

2. 保护传统文化

（1）传统文化的保护与利用

在生态城市的构建过程中，秦皇岛市不仅注重保护资源和环境，还合理利用传统文化并进行保护。通过保护和利用历史文化资源，秦皇岛市提升了城市的独特魅力，增强了市民的文化认同感。例如，秦皇岛市在北戴河区域保留了大量的历史建筑和文化遗址，通过修缮和保护，使其成为城市的一张名片，吸引了大量游客。

（2）传统文化与现代城市的融合

秦皇岛市在城市规划中，注重将传统文化与现代城市融合，保留和传承历史文化，同时融入现代元素，使城市既有历史的厚重感，又有现代的活力。例如，秦皇岛市在新建的商业区和住宅区中，采用了传统建筑风格与现代设计理念相结合的方式，既保留了传统文化的韵味，又满足了现代生活的需要。

3. 优化空间环境

（1）自然与城市环境的协调

在规划环节，秦皇岛市注重协调自然和城市环境的关系，融合空间环境、生态经济，注重环境、经济、社会的最佳效益。通过合理的空间布局，秦皇岛市实现了自然与城市的和谐共生。例如，秦皇岛市在城市规划中保留了大量的绿地和公园，形成了“绿肺”，提高了城市的生态环境质量。

（2）绿色生态空间的构建

秦皇岛市在城市规划中注重构建绿色生态空间，增加公园、绿地、广场等公共空间，提高城市绿化率，改善城市环境质量，提升居民的生活品质。例如，秦皇岛市在市区内建设了多个大型公园，如北戴河公园、秦皇植物园等，为市民提供了休闲娱乐的好去处，同时也改善了城市的生态环境。

（二）提高污染整治力度，建设保护生态环境

秦皇岛市高度重视水、空气和噪声污染的治理，通过一系列措施有效改善了城市生态环境。

1. 水资源保护

（1）海域和内河的综合管理

秦皇岛市加强了海域和内河的综合管理，整治内河水和海域水，严格控制工厂排放，优化水资源配置，构建水循环体系。通过严格的水资源管理和

监控，秦皇岛市有效改善了水质，保障了居民的饮水安全。例如，秦皇岛市在沿海区域设置了多个水质监测站，实时监测水质变化，及时采取措施应对污染事件。

（2）水污染防治

秦皇岛市严格落实水污染防治措施，加强对海域、内河周边工厂的治理，确保企业污染物排放达到国家规定的要求。同时，提倡企业实施清洁生产，减少污染物排放，构建人水和谐的环境。例如，秦皇岛市对沿河的化工企业和污水处理厂进行了升级改造，提高了污水处理能力和排放标准，有效减少了污染物的排放。

（3）水资源循环利用

秦皇岛市积极推进水资源的循环利用，降低地下水开采，提高循环水资源的应用，构建水循环体系，创建防污节水城市。通过优化水资源配置，秦皇岛市有效缓解了水资源短缺问题。例如，秦皇岛市在工业园区和居民区推广雨水收集和利用系统，将收集的雨水用于绿化灌溉和工业用水，减少了对地下水的依赖。

2. 空气污染治理

（1）工业废气排放控制

秦皇岛市严格控制工业废气排放，禁止有害、有毒物质排放到大气中，提高净化率。通过严格的排放标准和监管措施，秦皇岛市有效减少了工业废气对环境的影响。例如，秦皇岛市对重点污染企业安装了在线监测设备，实时监控废气排放情况，对超标排放的企业依法进行处罚。

（2）机动车尾气治理

秦皇岛市加强了机动车尾气的监管，有效控制摩托车的数量，全面发展公共交通，有效改善了空气质量。具体做法有：在市区内增设多条公交线路，增加了公交车的数量；同时在主要交通节点设置了自行车租赁点，鼓励市民选择绿色出行方式。

（3）能源结构调整

秦皇岛市改善了能源利用方式和能源结构，尤其是优化城镇区域的能源结构，有效控制市区燃煤的使用数量，降低燃煤烟气等污染物的排放。在城郊、农村区域全面推进生物能、太阳能等清洁能源的使用，实现低碳化发展。在工业园区将燃煤设施改为燃油设施，并实施脱硝、脱硫措施，确保燃煤排放达到国家标准。例如，秦皇岛市在市区内推广天然气和电力的使用，减少了燃煤的使用量，同时在农村地区推广太阳能热水器和生物质炉灶，减少了对化石燃料的依赖。

（4）城市生态通风走廊

秦皇岛市构建了城市生态通风走廊，提高空气流动率，有效缓解“热岛效应”和雾霾情况。通过增加城市绿化覆盖率，减少裸露在外的土地面积，降低扬尘，净化空气。例如，秦皇岛市在市区内建设了多条绿化带和通风走廊，通过种植树木和花草，提高了城市的绿化率，改善了空气质量。

3. 噪声污染治理

（1）工业噪声治理

秦皇岛市对工厂选址进行了严格管控，确保工厂远离居住区。对位于居住区的噪声公司通过隔音措施降低噪声；对无法达到噪声标准且难以治理的公司，通过转移至工业园或关停的方式进行整治。例如，秦皇岛市在市区内设立了多个工业噪声监测点，对噪声超标的企业进行处罚，并要求其采取有效的降噪措施。

（2）交通噪声治理

秦皇岛市通过高架桥模式进行车辆分流，强化道路监管，确保道路顺畅，并有效利用道路两旁的用地，通过绿化带降低噪声。对于繁忙路段，通过隔声隧道、声屏障等措施降低噪声。例如，秦皇岛市在市区主要干道两侧种植了大量树木，形成了天然的隔音带，有效降低了交通噪声。

（3）生活噪声治理

秦皇岛市加强了对路边摊、休闲娱乐场所的监管，舞厅、KTV等区域的装修应用隔音材质，审批休闲娱乐场所时注重控制其与居住区的距离，监控噪声。规范工地施工方式，避免工地噪声。例如，秦皇岛市在市区内设立了多个噪声监测点，对噪声超标的场所进行处罚，并要求其采取有效的降噪措施。

（三）发展循环经济，优化产业结构

秦皇岛市在生态城市建设过程中积极发展循环经济，优化产业结构，通过科技创新和政策引导推动经济的可持续发展。这一过程不仅提升了城市的环境质量，还增强了城市的综合竞争力。以下是秦皇岛市在发展循环经济和优化产业结构方面的具体实践和成效。

1. 集约化建设经济开发区

秦皇岛市通过集约化建设经济开发区，充分发挥现有经济技术开发区的优势，将其打造为循环经济和绿色发展的示范区。具体措施包括以下3个方面。

（1）土地集约利用

通过科学规划，合理安排工业用地，提高土地利用率，秦皇岛市在经济开发区内推行多层厂房建设，鼓励企业采用立体化布局，减少占地面积，提高土地使用效率。

（2）产业集聚发展

秦皇岛市注重产业链的延伸和集聚，通过引进上下游企业，形成完整的产业链条。例如，在汽车制造、电子信息等领域，秦皇岛市通过招商引资，吸引了一批龙头企业和配套企业入驻，形成了产业集群效应。

（3）资源共享平台

建立资源共享平台，促进企业之间的资源交换和共享，秦皇岛市在经济开发区内设立了资源回收利用中心，为企业提供废料回收、再利用等服务，减少了资源浪费，提高了资源利用效率。

2. 扶持环保产业和资源循环利用产业

秦皇岛市通过政策扶持和资金支持，大力发展环保产业和资源循环利用产业，推动经济的绿色转型。具体措施包括以下 3 项。

（1）政策扶持

秦皇岛市出台了一系列支持环保产业和资源循环利用产业发展的政策措施，如税收减免、贷款贴息等。秦皇岛市还设立了专项基金，用于支持环保技术研发和产业化项目。

（2）技术创新

鼓励企业开展环保技术研发，提升环保技术水平，秦皇岛市与高校和科研机构合作，建立了多个环保技术研究中心，为企业提供技术支持和培训服务。

（3）项目示范

秦皇岛市实施了一批循环经济和资源循环利用示范项目，如废旧物资回收利用、工业废水处理回用等，这些项目不仅提高了资源利用效率，还为其他企业提供了可复制的经验。

3. 倡导低碳生活和生产

秦皇岛市通过多种渠道倡导低碳生活和生产，增强全社会的环保意识，推动绿色消费和生产方式的普及。具体措施包括以下两项。

（1）绿色出行

推广公共交通和非机动交通工具，减少机动车尾气排放，秦皇岛市在市区内增设了公交线路和自行车租赁点，鼓励市民选择绿色出行方式。

（2）节能降耗

推动企业实施节能降耗措施，提高能源利用效率，秦皇岛市在工业企业中推广节能技术和设备，如余热回收、节能照明等，减少能源浪费。

4. 优化产业结构

秦皇岛市在生态城市建设过程中，注重优化产业结构，推动经济的高质量发展。具体措施包括 3 个方面。

（1）做强主导产业

重点发展旅游业、港口物流业、健康服务业等主导产业，提升产业的附加值和竞争力，秦皇岛市通过提升旅游服务质量、优化港口物流体系、发展健康服务项目，增强了这些产业的市场影响力。

（2）发展第三产业

加大对第三产业的扶持力度，推动服务业的快速发展，秦皇岛市在金融、会展、文化创意等领域，引进了一批优质企业，形成了新的经济增长点。

（3）淘汰落后产能

坚决淘汰高污染、高能耗的落后产能，推动产业的转型升级，秦皇岛市通过严格环保标准和产业政策，关闭了一批不符合环保要求的企业，促进了产业结构的优化。

5. 推动科技创新

秦皇岛市通过科技创新，提升产业的竞争力和可持续发展能力。具体措施包括以下 3 个方面。

（1）产学研合作

加强与高校和科研机构的合作，推动科技成果的转化应用，秦皇岛市与清华大学、北京大学等高校建立了长期合作关系，共同开展环保技术、新能源技术等领域的研究。

（2）企业创新

鼓励企业加大研发投入，提升自主创新能力，秦皇岛市通过政策引导，支持企业建立研发中心，引进高层次人才，开展关键技术攻关。

（3）平台建设

建设一批科技创新平台，为企业提供技术支持和服务，秦皇岛市在经济开发区内设立了多个科技孵化器和众创空间，为企业提供办公场地、资金支持、市场对接等服务。

6. 构建循环经济体系

秦皇岛市通过构建循环经济体系，实现资源的高效利用和循环利用。具体措施包括以下 3 个方面。

（1）资源回收利用

建立完善的资源回收利用体系，推动废料、废水、废气的资源化利用，秦皇岛市在市区内设立了多个资源回收站点，鼓励市民参与废品回收，减少资源浪费。

（2）工业共生网络

推动企业之间形成工业共生网络，实现资源的互惠互利，秦皇岛市通过政策引导，鼓励企业之间建立合作关系，共享资源，减少环境污染。

（3）生态农业

发展生态农业，推广有机种植和生态养殖，减少化肥和农药的使用，秦皇岛市在郊区建立了多个生态农业示范园区，通过科技手段提高农产品的质量和安全性。

7. 加强国际合作

秦皇岛市通过加强国际合作，引进先进的环保技术和管理经验，提升生态城市建设的水平。具体措施包括以下 3 个方面。

（1）国际交流

积极参与国际环保交流活动，与国际环保组织建立合作关系。秦皇岛市定期参加国际环保会议和展览，展示自身的环保成就，学习国际先进经验。

（2）外资引进

吸引外资企业投资环保产业和循环经济项目，引进国际先进的环保技术和管理经验，秦皇岛市通过优化营商环境，提供政策支持，吸引了一批国际知名企业落户。

（3）技术合作

与国际科研机构开展技术合作，共同研发环保技术和产品，秦皇岛市与德国、日本等国的科研机构建立了长期合作关系，开展了多个环保技术合作项目。

（四）普及生态观念，共建生态城市

秦皇岛市在推进生态城市建设过程中，高度重视生态观念的普及和公众参与，通过多种途径和方法，激发社会各界的积极性，共同参与生态城市的建设。以下是秦皇岛市在普及生态观念和共建生态城市方面的具体实践和成效。

1. 全面开展生态教育

秦皇岛市通过多层次、多渠道的生态教育，增强市民的环保意识和参与度，形成全社会共同关注和支持生态城市建设的良好氛围。

（1）学校教育

秦皇岛市将生态教育纳入中小学课程体系，通过开设环保课程、组织环保实践活动，培养学生的环保意识和责任感。学校还定期举办环保主题班会、环保知识竞赛等活动，激发学生参与环保的热情。

（2）社区教育

在社区层面，秦皇岛市通过开展环保讲座、环保展览、环保志愿服务等活动，增强居民的环保意识。社区还设立了环保宣传栏，定期发布环保信息和知识，引导居民参与垃圾分类、节水节电等环保行动。

（3）媒体宣传

利用电视、广播、报纸、网络等媒体，广泛宣传环保知识和政策，报道环保先进典型和成功案例，营造浓厚的环保氛围，秦皇岛市还开通了环保热线，接受市民的咨询和建议，增强公众的环保参与感。

2. 强化公民参与机制

秦皇岛市通过建立和完善公民参与机制，确保市民在生态城市建设中的知情权、参与权和监督权，形成政府与社会的良性互动。

（1）信息公开

秦皇岛市政府定期公布生态城市建设的进展情况和相关数据，通过政府网站、政务公开栏等渠道，及时向市民通报环保信息，提高信息透明度。市民可以通过这些渠道了解政府的环保政策和措施，提出意见和建议。

（2）意见征集

在制定生态城市建设规划和政策时，秦皇岛市广泛征求市民的意见和建议，通过问卷调查、听证会、座谈会等形式，听取市民的声音，确保政策的科学性和可行性。

（3）志愿服务

鼓励市民参与环保志愿服务，秦皇岛市成立了多个环保志愿者组织，定期开展植树造林、河流清理、垃圾分类等公益活动。志愿者们通过实际行动，传递环保理念，带动更多市民参与环保行动。

3. 构建环保社会组织

秦皇岛市通过支持和培育环保社会组织，发挥其在生态城市建设中的桥梁和纽带作用，形成政府、社会、企业多方参与的环保格局。

（1）政策支持

秦皇岛市政府出台了一系列支持环保社会组织发展的政策措施，如提供办公场地、资金支持、技术培训等，帮助环保社会组织发展壮大。政府还通过购买服务的方式委托环保社会组织承担一些环保项目和活动。

（2）平台搭建

秦皇岛市建立了环保社会组织服务平台，为环保社会组织提供信息发布、资源共享、交流培训等服务。平台还定期举办环保社会组织交流会，促进各组织之间的合作与交流。

（3）项目合作

鼓励环保社会组织与政府部门、企业、社区等开展项目合作，共同推进环保事业，秦皇岛市通过政府引导，促成了一些环保社会组织与企业的合作项目，如企业环保改造、社区垃圾分类等，取得了良好效果。

4. 落实环保责任

秦皇岛市通过明确各方的环保责任，建立健全环保责任体系，确保生态城市建设的各项任务得到有效落实。

（1）政府责任

秦皇岛市政府在生态城市建设中承担主要责任，负责制定和实施环保政策，协调各部门和单位的工作，确保生态城市建设有序推进。政府还通过考核和奖惩机制，督促各级部门和单位履行环保职责。

（2）企业责任

秦皇岛市通过法律法规和政策引导，要求企业履行环保责任，实施清洁生产，减少污染排放。政府还通过环保信用体系建设，对企业的环保行为进行评价和公示，激励企业主动履行环保责任。

（3）公民责任

秦皇岛市通过宣传教育，增强市民的环保意识，引导市民从自身做起，参与环保行动。政府还通过设置环保奖励机制，表彰在环保工作中表现突出的个人和集体，激发市民的环保热情。

5. 创新环保宣传方式

秦皇岛市通过创新环保宣传方式，提高环保宣传的覆盖面和影响力，增强市民的环保意识和参与度。

（1）新媒体应用

秦皇岛市充分利用微信、微博、抖音等新媒体平台，发布环保信息和知识，开展环保宣传活动。此外，还开发了环保 APP，提供环保资讯、环保知识、环保活动等信息，方便市民随时随地获取环保信息。

（2）互动体验

秦皇岛市通过举办环保体验活动，如环保主题公园、环保科技馆等，让市民亲身体验环保的重要性和紧迫性。此外，秦皇岛市还开展了环保夏令营、环保亲子活动等，让孩子们从小树立环保意识。

（3）文艺创作

秦皇岛市鼓励文艺工作者创作环保题材的作品，如环保歌曲、环保戏剧、环保电影等，通过文艺作品传播环保理念，增强市民的环保意识。此外，秦皇岛市还举办了环保主题摄影比赛、环保诗歌朗诵会等活动，丰富了市民的精神文化生活。

6. 建立环保监督体系

秦皇岛市通过建立完善的环保监督体系，确保生态城市建设的各项措施得到有效落实，形成全社会共同监督的良好局面。

（1）政府监督

秦皇岛市政府成立了环保监督机构，负责对环保政策的执行情况进行监督检查，及时发现和纠正问题。政府还通过环保督察、环保审计等方式，加强对重点企业和重点领域的监管。

（2）社会监督

鼓励市民和社会组织参与环保监督，通过举报、投诉等方式，反映环保问题，秦皇岛市建立了环保举报奖励制度，对作出贡献的市民给予奖励，激发市民的监督热情。

（3）媒体监督

秦皇岛市支持新闻媒体对环保问题进行监督报道，曝光环保违法行为，推动问题整改。媒体还通过专题报道、深度调查等方式，提高公众对环保问题的关注度，形成舆论监督的强大合力。

四、经验启示

秦皇岛市在生态城市建设方面的成功经验，为河北省其他城市提供了宝贵的参考。通过合理利用土地资源、科学编制城市规划、提高污染整治力度、发展循环经济、优化产业结构、普及生态观念等多方面的努力，秦皇岛市不仅提升了城市的环境质量，还推动了经济的可持续发展。以下是秦皇岛经验给河北省其他地区的几点启示：

（一）科学规划与合理布局

通过科学的城市规划，构建合理的空间结构和发展布局，确保城市基础设施的完备，创建便利、绿化、净化的生态城。重点发展各具特色、功能互补的产业，形成可持续发展的城市格局。

（二）多方参与与协同治理

通过出台政策措施，支持环保产业和资源循环利用产业的发展，优化营商环境，吸引企业投资。鼓励企业履行环保责任，实施清洁生产，减少污染排放。动员社会和公众参与环保志愿活动，发挥监督和参与作用，形成政府、企业、社会、公众共同参与的良好局面。

（三）创新驱动与科技引领

与高校和科研机构合作，建立环保技术研究中心，提供技术支持和培训服务。鼓励企业加大研发投入，提升自主创新能力，支持企业建立研发中心，引进高层次人才，开展关键技术攻关。通过科技创新，提升产业的竞争力和可持续发展能力。

（四）普及生态观念与共建生态城市

通过多层次、多渠道的生态教育，增强市民的环保意识和参与度，形成全社会共同关注和支持生态城市建设的良好氛围。建立和完善公民参与机制，确保市民在生态城市建设中的知情权、参与权和监督权，形成政府与社会的良性互动。通过普及生态观念，激发社会各界的积极性，共同参与生态城市的建设。

这些经验为推进生态城市建设方面提供了宝贵的参考，有助于提升城市的环境质量，推动经济的可持续发展，建设宜居、宜业、宜游的现代化生态城市。

11　稳步推进民生保障
加强普惠性、基础性、兜底性民生建设

党的二十届三中全会审议通过《中共中央关于进一步全面深化改革、推进中国式现代化的决定》，明确指出："在发展中保障和改善民生是中国式现代化的重大任务。必须坚持尽力而为、量力而行，完善基本公共服务制度体系，加强普惠性、基础性、兜底性民生建设，解决好人民最关心最直接最现实的利益问题，不断满足人民对美好生活的向往。"

一、典型案例

20 年前，在时任浙江省委书记习近平同志的提议和推动下，浙江率先出台《关于建立健全为民办实事长效机制的若干意见》。从此，"突出抓好十个方面实事"成为每年浙江省委省政府与群众不变的约定。20 年来，浙江省委省政府坚持聚焦人民群众最关心最直接最现实的利益问题，省、市、县（市、区）三级联动，每年办好民生实事，打造了一张浙江的"金名片"。围绕为民办实事改善民生，浙江 2023 年启动实施公共服务"七优享"工程，

将10个方面的民生实事细化为56个大项、3万多个具体项目和事项，并全面完成预定目标任务，群众满意率达99.5%。建立健全“为民办实事”长效机制是习近平同志在浙江工作期间，遵循“以人为本”发展理念基于省情实际提出的一项重要举措，为我们在新时代的背景下如何加强普惠性、基础性、兜底性民生建设工作提供了借鉴参考。

二、背景情况

浙江省地处中国东南沿海、长江三角洲南翼，东临浩瀚的太平洋，北面与中国最大的城市——上海为邻。全省人均地区生产总值达到中上等发达国家和地区水平，城镇居民人均可支配收入、农村居民人均可支配收入连续多年居省（区）第一位，是唯一一个所有设区市居民收入都超过全国平均水平的省份。2021年5月，中共中央、国务院支持浙江高质量发展建设共同富裕示范区。

近年来，浙江省委省政府始终把解决民生问题、增进民生福祉放在重要位置。坚持尽力而为、量力而行，用心用情用力解决群众的“急难愁盼”问题。工作中突出基础性、普惠性、兜底性民生保障，瞄准人民群众牵肠挂肚的民生大事、切身有感的关键小事，真正把民生实事办到老百姓的心坎上。同时，注重以民生实事推动基本公共服务普惠共享、均衡可及，切实把保障改善民生建立在经济发展和各级财力可持续的基础上，率先建立大救助体系，最低生活保障年人均标准13 104元，位居全国省区第一；在全国率先颁布社会养老服务条例，养老服务连续15年被列入省政府为民办实事项目；率先在全国建立困境儿童分类保障制度，7万余名困境儿童和2 373名孤儿纳入政府保障。2021年，浙江省提出着力推动人的全生命周期公共服务优质共享，瞄准人民群众所忧所急所盼，加快补齐民生短板，缩小公共服务差距，强化均等、普惠、便捷、可持续的理念，以数字赋能、制度创新为动力，迭代升

级为民办实事长效机制，打造民生“七优享”金名片。“浙有善育”“浙里优学”“浙派工匠”“浙里健康”“浙里长寿”“浙里安居”“浙有众扶”，这7张“金名片”是真心诚意为人民群众解难事、办实事、做好事的具体行动，是坚持以人民为中心、让改革发展成果更多更公平惠及全体人民的生动实践。

三、实践探索

习近平总书记强调，“注重从就业、增收、入学、就医、住房、办事、托幼养老以及生命财产安全等老百姓急难愁盼中找准改革的发力点和突破口，多推出一些民生所急、民心所向的改革举措，多办一些惠民生、暖民心、顺民意的实事”。

（一）干在实处，持续提高基本民生保障水平

围绕共同富裕路上“一个都不能少”的目标，浙江省坚持发挥兜底性基础性作用，全力推动解决人民群众急难愁盼问题，不断增进民生福祉。

1. 全面实现“弱有众扶”

积极创建全国社会救助高质量发展示范区，建立健全分层分类、城乡统筹、精准高效的大救助体系。实现低收入农户和农村低保边缘户认定标准线“两线合一”，全面落实低保标准市域同标和特困供养城乡统筹。5 年来，全省开展临时救助 54.49 万人次，救助金额每人次达到 1 791 元，较好地发挥了救急解难的作用。低保边缘家庭收入认定放宽至低保标准的两倍。依托全省统建大救助信息系统，加强低收入人口动态监测，实现 16 个事项“一件事”联办，创新社会救助服务助联体建设。

2. 全力推进“老有康养”

大力推进以居家为基础、社区为依托、机构为补充、医养相结合的养老服务体系建设，截至 2023 年底，建成养老机构 1 645 家（注册登记），机构床位数 23.84 万张，其中护理型床位占比 56%；乡镇（街道）养老服务中心 1 456 家、城乡社区照料中心 2.3 万家，实现两个全覆盖。实施“机构跟着老人走”行动计划，编制养老服务设施布局专项规划。制定基本养老服务清单，率先完成对全省 1 243 万老年人自理能力筛查，至 2023 年底，共完成 724 个康养联合体建设。创新开展“海岛支老”行动，组织杭州等 5 市派驻 277 位海岛支老志愿者上岛，帮助提升海岛养老服务水平，该行动获评中央党史学习教育优秀案例和省高质量建设共同富裕示范区最佳实践案例。探索海岛“幸福驿家”基层一站式民生集成服务。有序推进 16 家公办养老机构国企化改革，一批公办养老机构探索建立入住轮候制度。创立“每万名老年人拥有持证养老护理员数”指标，纳入共同富裕示范区建设指标体系。

3. 关爱帮扶“特殊群体”

推进普惠型儿童福利体系建设，落实儿童养育标准动态调整机制，2069

名孤儿和8.28万名困境儿童纳入政府保障，机构孤儿、社会散居孤儿、事实无人抚养儿童平均保障标准涨幅超过人均可支配收入涨幅，居于全国前列。“添翼计划”项目扩面提档，开门办院新格局逐步形成。民政部在浙江设立流动儿童权益保障观察点和困境儿童科学分类精准保障观察点。出台流动儿童关爱保护实施方案，打造形成具有浙江特色的未成年人保护宣传月活动。强化困境儿童权益保障。市、县未成年人救助保护机构、乡镇（街道）未成年人保护工作站全覆盖，实体化运行工作有序推进。平稳承接、精准落实残疾人两项补贴制度，惠及97.6万人次。部署开展“精康融合行动”，设立精康服务机构169个，全省综合性康复服务覆盖服务对象1.62万余人。

4. 医疗服务增福祉

浙江省持续推动全生命周期健康服务优质共享，着力提升人民群众健康福祉，取得了显著成就。全省人均预期寿命从2003年的75.61岁上升至2022年的82.3岁，孕产妇死亡率、婴儿死亡率分别从2003年的14.91/10万、11.23‰下降到2022年的1.99/10万、1.58‰，人群主要健康指标达到高收入国家水平，健康中国行动考核连续3年全国第一。坚持“三医”协同发展和治理，全力推进国家综合医改试点省、县域医共体试点省、中医药综合改革示范区建设，县域医共体建设考核连续两年全国第一，中医药传承创新省级竞争力位居全国第二，个人卫生支出占卫生总费用比重从2003年的54.97%下降到2021年的24.19%。此外，始终把卫生健康工作的重点放在基层和农村。每月平均有430多名省市专家常驻山区海岛，每年有5 000多名县级医院医生到乡镇卫生院定期排班工作，所有县（市、区）都建有标准化的胸痛、卒中、创伤、危重孕产妇救治、危重儿童和新生儿救治等急诊急救中心。据了解，全省甲、乙类传染病总报告发病率从2004年的407.34/10万下降至2022年的132.67/10万。

（二）走在前列，健全完善基层社会治理体系

传承和发扬新时代“枫桥经验”，浙江省切实发挥慈善事业第三次分配作用，不断增强社区服务和治理能力。

1. 社区治理效能显著增强

高位推进现代社区建设，社区服务综合集成，社区服务空间阵地不断拓展，“一老一小”场景在社区落地，“五社联动”多元共治持续深化。2020年，全省应换届的村和社区全部完成村（居）民委员会换届，“一肩挑”比例为98.43%，顺利实现“五好”“两确保”总目标。2023年累计建成“居民会客厅”2 433个，配备专职社区工作者6.3万名，年内培训超5万人次。

2. 社会组织发展活力持续释放

浙江省委办公厅、省政府办公厅出台《关于促进社会组织高质量发展 助力共同富裕示范区建设的意见》，坚持一手抓培育、一手强监管，在

社会组织的成立登记、章程核准、年检年报、专项抽查、等级评估和教育培训过程中，同步推进党建工作，实现社会组织党的建设和党的工作“两个全覆盖”。引导全省社会组织积极主动参与疫情防控、救助帮扶、大学生就业等活动，深入城乡社区服务群众900多万人次。连续选树全省品牌社会组织、社会组织领军人物，省级财政向省级品牌社会组织和4A、5A省本级社会组织发放提质增效奖补资金2 276万元。深化清廉社会组织建设，常态化推进社会组织领域专项治理，社会团体分支代表机构、社会服务机构非营利监管，“僵尸型”社会组织出清，非法社会组织打击等取得良好成效。推进急需和紧缺领域社会组织培育发展，支持低空经济、算力、物联网、AI等新业态、新技术、新产业社会组织成立登记、技术研发、成果转化。目前，全省登记社会组织6.97万家，备案社区社会组织24.4万家。

3. 新型慈善体系构建完善

创新实施慈善领域“共富同行”计划，49个县（市、区）和17家省级头部慈善组织结对帮扶山区海岛县。省级财政每年安排慈善事业引导资金，激励慈善事业高质量发展的县（市、区）、慈善组织、慈善项目。全省各级慈善部门加快健全党领导下的慈善工作体系，省、市、县全部设立慈善奖。全面构建五级慈善网络体系和慈善服务平台。全省登记认定慈善组织2 236家，实现市和县（市、区）慈善信托全覆盖，探索推动慈善信托税收优惠政策落地，率先进行非货币财产慈善信托创新实践。全国首张慈善信托“穿透式”开票、首单不动产所有权慈善信托落户杭州市，福利彩票销售额连续9年居全国第二。

（三）勇立潮头，优化提升基本社会服务质效

聚焦服务保障人的全生命周期和经济社会发展，浙江省着力解民忧、纾民困、暖民心，在高质量发展中提供高水平公共服务。

1. 就业社保提温度

全省城镇新增就业连续10年保持在100万人以上，城镇调查失业率始

终保持较低水平；浙江累计为企业减负 2 000 多亿元，切实帮扶企业渡难关、稳发展；高校毕业生初次就业率始终保持在 90% 以上，累计帮扶 192 万人实现就业。浙江持续推动企业职工基本养老保险实现省级统筹，取消灵活就业人员参保户籍限制，建立健全城乡居民基本养老保险待遇确定和基础养老金正常调整机制。从 2005 年起，浙江每年调整提高退休职工基本养老金，城乡居民基本养老保险人均待遇水平稳步提高。2022 年，失业保险金标准提高到当地最低工资标准的 90%。此外，浙江深入实施全民参保计划，截至 2022 年底，全省基本养老、工伤、失业保险参保人数分别为 4 520 万、2 767 万、1 851 万，比 2002 年底分别增加 3 876 万、2 541 万、1 461 万。

2. 婚姻登记服务暖心贴心

全面实施婚姻登记“跨省通办”改革、持续深化“全省通办”改革，75% 的县级婚姻登记机关场所建设达到国家 4A 级以上标准。建成公园式、综合性婚姻登记机关 20 家，在建 12 家。全省有 1 个全国婚俗改革实验区（三门县），58 个省级、48 个市级、240 个县级婚俗改革实验区。率先在全国出台户外结婚登记颁证基地建设等 3 个指引，66 个县（市、区）挂牌成立县级婚姻家庭服务指导中心。推进结婚生育户口“一件事”联办事项。全面完成集中补领婚姻登记证服务，累计办理 172 万余件，累计完成婚姻登记证电子证照 2 595 万份。

3. 殡葬综合管理便民惠民

全省实现普惠性殡葬、节地生态安葬奖补政策全覆盖，群众“身后事”基本殡葬服务实现全省域免费。配合做好长三角公民“身后事”联办工作，2024 年至今，全省“身后事”联办率达 84.61%；全省 44 个县（市、区）贯通了“身后事”涉财事项查询。加强殡葬领域专项治理，开展全省公益性公墓建设管理专项整治行动，深入推进迎亚运“两路两侧‘青山白化’”专项整治和“活人墓”等突出问题整治工作。

4. 教育发展攀高峰

深入实施“八八战略”20年来，浙江的高校数量由68所增加到109所，“双一流”学科数量居全国第五。高校汇聚了全省75%的“两院”院士和73%的“鲲鹏计划”专家。浙江学生被高水平大学录取的比例居全国前列。浙江按照“创新深化、改革攻坚、开放提升”的要求加快高等教育跨越式高质量发展。积极以新机制举办新型高校。目前，西湖大学已经招生，北京航空航天大学中法航空学院已获批成立，宁波东方理工大学（暂名）等正在筹建。同时，浙江还不断促进普通高校的特色化发展，努力把每所大学的特色培育成优势，把优势培育出水平。

四、经验启示

“尽力而为、量力而行”这一鲜明主旨，充分体现了党中央着眼加强民生建设、尊重事物发展规律、综合分析发展现状所作出的深度战略考量，为新时代持续保障和改善民生提供了科学指引和有力遵循。

（一）以增进人民福祉为出发点和落脚点

习近平总书记指出：“我们党推进全面深化改革的根本目的，就是要促进社会公平正义，让改革发展成果更多更公平惠及全体人民。”党的二十届三中全会《决定》就完善收入分配制度、完善就业优先政策、健全社会保障体系、深化医药卫生体制改革、健全人口发展支持和服务体系等提出一系列重大改革举措。这些举措的落地、见效，必将不断造福人民。

（二）在发展中保障和改善民生

习近平总书记指出：“要统筹需要和可能，把保障和改善民生建立在经济发展和财力可持续的基础之上，不要好高骛远，吊高胃口，作兑现不了的承诺。”量力而行强调的是必须一切从实际出发，充分考虑特定发展阶段的现实条件。要正确认识和处理好发展与保障和改善民生的关系，既要通过保障和改善民生来带动发展，又要根据发展水平确定民生的保障和改善程度。为此，要强化问题导向，从现实条件下可以做到的事情做起，紧盯老百姓在社会保障方面反映强烈的烦心事、操心事、揪心事，不断推进改革，老百姓关心什么、期盼什么，改革就要抓住什么、推进什么。集中精力加强普惠性、基础性、兜底性民生建设，以钉钉子精神，一件事情接着一件事情办、一年接着一年干，锲而不舍地推进民生保障事业持续发展。

民生虽小事，枝叶总关情。保障和改善民生没有终点。在以习近平同志为核心的党中央坚强领导下，全国上下齐心协力，锚定党的二十届三中全会提出的改革任务，尽力而为，量力而行，扎实做好民生保障工作，不断绘就幸福民生新画卷。

12　筑巢引凤激发新动能

——河北石家庄市打造一流营商环境促生物医药产业发展

2023 年 5 月 12 日，习近平总书记考察了石家庄市国际生物医药园规划展馆，听取石家庄生物医药产业发展情况汇报，察看医药产品展示，了解药品研发生产情况。习近平总书记强调，生物医药产业是关系国计民生和国家安全的战略性新兴产业。要加强基础研究和科技创新能力建设，把生物医药

产业发展的命脉牢牢掌握在我们自己手中。在随后主持召开深入推进京津冀协同发展座谈会时指出，要进一步推进体制机制改革和扩大对外开放，下大气力优化营商环境。

一、典型案例

石家庄因医药产业基础雄厚，素有“华北药都”之称，是中国最大的医药工业基地和首批国家生物产业基地之一。从华北制药一枝独秀到目前拥有规模以上医药制造企业 189 家，从只有抗生素一类产品到化学药、中药、生物药、医疗器械全面开花，产业从石家庄高新技术产业开发区一个区，扩展到以石家庄高新技术产业开发区为重点核心和以石家庄经济技术开发区、栾城区、赵县、深泽县、正定片区为配套的“一核一区四集群”产业发展格局，石家庄形成了涵盖生物医药、高端制剂、生物疫苗、现代中药、医疗器械的中高端产业体系，实现研发、生产、流通全链条产业配套服务体系。2022 年，生物医药产业实现营业收入 855 亿元，近 5 年年均增速达到 13.7%。目前，石家庄生物医药产业园区拥有华北制药、石药集团、石家庄四药、以岭药业等多家知名医药企业，累计承接京津两地研发而转化的生物医疗类项目 60 多个。生物医药产业的快速发展为推动高质量发展、打造中国式现代化的石家庄场景提供了坚强支撑。

二、背景情况

（一）时代背景

中国生物医药行业近年来呈现出迅猛的发展势头，市场规模持续扩大。随着国民健康意识的提高、医疗保健政策的完善以及科技创新的推动，生物医药行业在中国市场占据了越来越重要的地位。

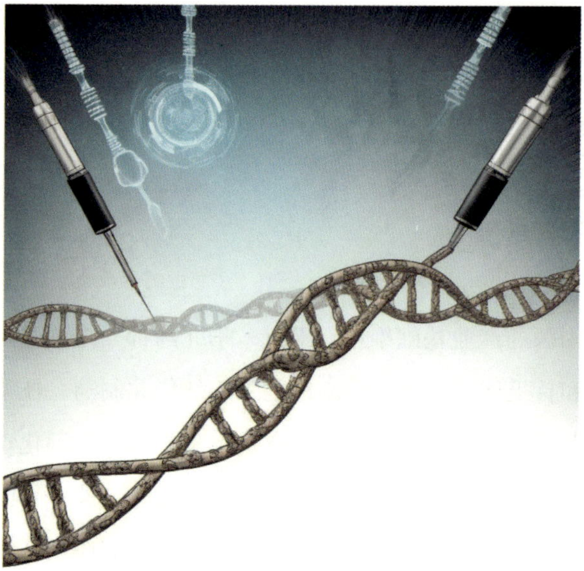

科技创新是推动生物医药行业发展的重要因素。随着基因工程、细胞工程、酶工程、发酵工程及蛋白质工程等现代生物技术的发展，生物医药企业加大了研发投入，加快了新药研发进程。此外，政府通过提供财政补贴、税收优惠等政策措施，鼓励企业增加生产，提高供应能力。

人口老龄化和慢性病患者数量的增加推动了生物医药市场的需求增长。老年人群体对医疗保健产品的需求日益旺盛，同时，随着医疗技术的进步和人们健康意识的提高，越来越多的患者开始寻求更加安全、有效的治疗方法，为生物医药行业提供了新的发展机遇。

生物医药产业的产业链包括基础理论研究、技术研究、原料生产与加工、新产品研发、中试放大、生产制造及上市流通等环节。产业链的完善和各环节的协同发展，进一步推动了行业的整体进步。

（二）政策背景

党的二十届三中全会通过的《中共中央关于进一步全面深化改革、推进中国式现代化的决定》提出“营造市场化、法治化、国际化一流营商环境”，并作出了新的部署。这是在新的历史起点上把优化营商环境进一步引向深入的动员令。我们要深刻领会、全面落实这一部署要求，持续塑造更高水平开放型经济新优势，为高质量发展提供有力支撑。

党的十八大以来，我国持续推进营商环境建设，在经济合作与发展组织发布的全球营商环境排名中，位次逐步提升。积极推动实施高水平投资自由化、便利化政策，提升对外开放水平，加大对企业服务力度，优化外商投资环境，不断增强对外资的吸引力。确立外资准入前国民待遇加负面清单管理制度，以方便快捷的信息报告制度，取代了此前实施了30多年的外商投资企业设立及变更的“逐案审批”制度，增进投资便利度。

三、实践探索

石家庄坚持把生物医药产业作为贯彻新发展理念、构建新发展格局的重要支撑，加强政策引领，突出创新驱动，推动营商环境实现更高水平跃升，不断培育和提升核心竞争力，加快推动生物医药产业高质量发展，加速向千亿级产业集群迈进。

（一）顶层产业布局，加强政策支撑

2021年8月，石家庄市第十一次党代会提出，要全面推进产业基础高级化、产业链现代化，科学构建现代产业发展的“四梁八柱”，特别是要突出重点、集中资源，在新一代电子信息、生物医药两大产业上率先突破，培育龙头企业，打造千亿级产业集群，以一业兴旺带动百业繁荣。

围绕这一布局，两大主导产业发展五年规划随即出台，一系列政策举措密集推出。

石家庄成立优化营商环境领导小组和推进生物医药产业发展领导小组，

负责统筹安排部署各项工作，协调解决重大问题，完善行动计划体系，细化工作任务，推动工作落实；制定《关于支持新一代电子信息产业和生物医药产业率先突破的若干措施》《关于进一步优化营商环境降低市场主体制度性交易成本的若干措施》等一系列释放活力、促进发展的政策措施；设立 200 亿元主导产业发展基金和每年 10 亿元专项资金，2022—2023 年兑现生物医药产业奖补资金 2.2 亿元，助力企业高速发展。

制定《石家庄市优化营商环境条例》；开展包括优化营商环境在内的“6+1”专项行动和整治营商环境突出问题等“三场硬仗”；组织召开企业家座谈会，常态化开展企业家（市民）· 市长恳谈会、12345 热线应答会，建立“石 i 企”助企服务平台。

（二）持续转变职能，深化制度改革

营商环境是一座城市的“软实力”，也是经济发展管根本、管长远的核心竞争力。石家庄始终坚持以更优的营商环境推动主导产业发展，多举措提升政务服务水平，强化数字政府建设，强化权力制约，营造公平竞争的市场环境，为生物医药产业做大做强、打造千亿级产业集群保驾护航。

推行区域评估成果共享，助力企业快速发展，是石家庄扎实推动营商环境不断优化的硬核举措之一。由“事后评”转变为“事前评”，“单个评”转变为“整体评”，“企业做”转变为“政府做”，如今，石家庄市已在全市 19 个园区推广区域评估成果共享机制，评估事项 170 项。已应用到项目 1 500 多次，单个项目平均节约时间成本 2 个月以上，为企业节约成本 3 亿元左右。

全部审批事项 100% 网上可办，138 个事项实现“跨省通办”审批效率跻身全国第一方阵。探索项目审批“四证齐发”，实现“拿地即开工”。全面推行“智能 AI 审批”改革，开办企业实现“秒批”。

在全省率先开展“数据归集”行动，搭建全市政务云平台，归集各类数

据 58.1 亿条，累计共享数据 18.7 亿条，实现了“数据多跑路，企业少跑腿”。

设立企业服务中心，为企业提供线上线下全生命周期服务，协助解决企业在要素需求、科技创新等方面的全方位需求；在产业园区、重点项目建设工地，进驻服务专班，贴身为企业、为项目现场解决问题、办理事项。市本级和县（市、区）企业服务中心实现全覆盖，在服务专班的跟进下，华普生物仅 3 个月便落地石家庄，体现了石家庄“速度”。

全面推行轻微违法行为包容免罚制度，全市 28 个市直部门共制定轻微违法行为包容免罚事项 443 项，备案不采取行政强制措施事项 20 项，大力保障民营企业和企业家权益。

在全省率先探索推行招标投标“双盲”评审改革，通过“盲抽”专家、“盲评”投标文件、评委分散评标等创新举措，较好解决了招投标领域长期存在的“熟面孔”“关系户”等影响公平竞争的突出问题，最大限度减少人为因素干预，受到市场主体欢迎，经验做法在全省推广。

2023 年 8 月，石家庄被国家发展改革委、中国人民银行确定为第四批国家社会信用体系建设示范区，为石家庄打造一流营商环境再添助力。

（三）强化科技引领，激发创新活力

科技是第一生产力，人才是第一资源，创新是第一动力。石家庄不断加强科技创新服务，加大人才引进力度，加快打造科技创新平台，为生物医药产业高质量发展注入新活力。

完善科技特派员（团）制度，实现科技大市场、科技特派员工作站区县全覆盖。深化关键核心技术联合攻关机制，实施重大科技项目“揭榜挂帅”，榜单总额达 1.4 亿元，其中，生物医药产业项目 5 个、榜额 2 940 万元。在全省率先开展瞪羚企业认定，支持首批 22 家企业做大做强，其中，生物医药企业 6 家、资金 390 万元。全面落实研发费用加计扣除等系列税收优惠政策，生物医药企业享受政策户数 294 户、金额 34.4 亿元。

石家庄先后推出《关于进一步加大人才引进力度助推现代化、国际化美丽省会城市建设的若干措施（试行）》《关于深入实施新时代人才强市战略的若干措施（试行）》等人才新政，不断优化完善人才绿卡制度，围绕人才引进与培养，加快构建教育、医疗、住房全方位综合服务保障体系。率先在全省出台了青年友好型城市规划，发布《石家庄市青年友好型城市规划导则》，打造青年“乐业、乐创、乐居、乐享、乐学”之城。

支持重点实验室、技术创新中心、产业技术研究院建设，分别给予Ⅰ、Ⅱ类创新药研发生产最高1.2亿元、3 000万元的奖励。石家庄建成各类省级以上科技创新平台445家，石家庄市科技创新服务中心连续9年以优秀（A类）成绩通过科技部国家级科技企业孵化器评价。石家庄高新技术产业开发区成立国家特殊药品检查中心，组建国家级职业化专业化药品检查员队伍，为生物医药产业提供全方位指导服务，促进高新区生物医药产业聚集和高质量发展。河北省药品监督管理局与石家庄高新技术产业开发区管委会联合建立药品检验审评创新服务机制，构建集药品医疗器械业务咨询、检验检测、审评指导、技术培训等于一体的异地工作站。

在科技创新引领下，石家庄生物医药产业一批批成果竞相涌现。华北制药研发的中国首个重组全人源抗狂犬病毒单克隆抗体于2022年1月获批上市。石药集团设计开发的mRNA疫苗率先获批上市。神威药业一直致力于加强中医药传承创新发展，目前在研项目110余项，处于临床研究阶段的中药新药10余种，处于临床前研究的新药90余种，以及中药国际化注册的药物SLT胶囊，现已在Ⅲ期临床阶段。以岭药业遵循中医药发展规律，系统构建了络病理论体系，创立了“理论—临床—科研—产业—教学”五位一体的运营模式，先后研发了创新专利药物10余种，荣获国家科技进步奖一等奖等6项国家重大科技成果奖；同时，积极开拓国际市场，连花清瘟等产品已进入50多个国家和地区，酸枣仁油软胶囊、连花呼吸系列等健康产品累计获得百余个国际批文。

（四）推进产业集聚，做好招商引资

石家庄高新技术产业开发区作为石家庄市国际生物医药园主阵地，项目建设热火朝天，企业生产马力全开。自2021年启动建设以来，2.8万亩的园区已构建起集研发、孵化、产业化、销售及配套服务于一体的全链条产业生态系统，入驻生物医药企业243家。

为规划引领产业集聚，高标准编制石家庄市国际生物医药园发展规划，着重打造7.3平方公里核心区，将医药创新孵化区、创新生物药与CMO产业集群、医药制剂产业集群、先进医疗器械及装备产业集群、宜居生活服务区等五大区域连片成面。为降低产业用地成本，采取分摊市政基础设施用地成本、降低底价、创新供地方式等措施，降低工业用地出让价格。2023年以来，按照降地价措施供应生物医药产业用地261.5亩，为企业节省资金约6 208万元。与此同时，在全市19个省级以上开发区全面实施“标准地+承诺制”改革，实行土地“带标出让”，投融资、担保、市政、科创“四个平台”实现省级以上园区全覆盖。

大项目是产业发展的“顶梁柱”，石家庄坚持以产业链为核心，围绕创新链、资金链、技术链、人才链，推进产业链招商、以商招商、基金招商，总投资475亿元的47个生物医药省市重点项目正在加快建设，为生物医药产业率先突破提供了强力支撑。特别是石药巨石疫苗产业化、华普生物疫苗佐剂、绿叶集团研发生产基地等项目，技术领先，有助于提升产业层级、拉动产业发展。

深化开发区改革，推动承载能力提升。石家庄市印发《关于深化开发区改革发展的若干措施》，从创新开发区管理模式、强化开发区人才支撑9个方面出台19条措施，充分发挥开发区主战场作用。石家庄市开发区共建设各类平台76个，其中科创平台22个、投融资平台21个、担保平台13个、市政平台20个。坚持“房地产开发为产业发展让路，插花式发展为集中开发让路，土地供应优先保障产业所需”。2023年以来，石家庄以“标准地”

模式供应工业用地 3 652 亩，国家级开发区实现工业用地 100% 标准地供应，省级开发区比例达到 84.5%。

石家庄严格落实领导干部包联企业机制，市委市政府以及各县（市、区）建立了领导联系服务企业制度，牢固树立“项目为王”理念，服务企业发展，着力激发经营主体活力，支持重点项目和民营企业高质量发展，深入包联企业和项目现场开展政策宣传，解决企业在生产经营中遇到的困难和问题，努力破解制约要素，用心用情服务企业。

四、经验启示

近年来，石家庄以优化营商环境促进生物医药产业发展的实践启示我们，抓环境就是抓发展，环境优才能产业兴。

（一）坚持示范带动

要坚持把优化营商环境作为“一号工程”，高位推进、顶层谋划，顺势而为推动营商环境立法，促进了生物医药产业加快发展。实践证明，加快推进经济高质量发展、实现弯道超车，必须把营商环境摆在突出位置，作为各级党政“一把手”工作中的头等大事。唯其如此，才能营造优质的营商环境，厚植产业发展沃土，激发经营主体活力，打造投资创业首选地。

（二）坚持与做优产业生态紧密结合

优化营商环境的成效最终体现在产业发展的质量和效益上，要加快从能创业到开新局的全面升级，着力优化产业生态、要素保障、基础设施功能，增强发展支撑力。要聚焦生物医药产业全链条发展需要，优化营商环境、做优产业生态，使经营主体更多、更活、更大、更强，形成营商环境和产业发展的良性互动。实践证明，哪里营商环境和产业生态结合得好，哪里就能吸引更多的人才、项目和资金。

（三）坚持综合施策

优化营商环境是一项基础性、复杂性、系统性工程。要坚持系统观念，构建起党委领导、政府主导、部门联动、社会参与的营商环境建设大格局，一体化推动政策保障、政务服务、市场环境、创新引领、平台建设、要素供给、法治支撑，全面提升投资吸引力、核心竞争力。实践证明，只有同步发力、协同推进，才能推进改革发展各项工作在政策取向上相互配合、在实施过程中相互促进、在实际成效上相得益彰。

（四）坚持以企业为主体

营商环境好不好，经营主体最有发言权。要对接企业需求抓改革提升，问需于企、问计于企、问效于企，不断优化企业全生命周期全链条服务，最大程度激发全社会创新创业创造热情。要始终坚持全民动员、同频共振，积极营造亲商、重商、安商的浓厚氛围，一大批企业家争做营商环境的建设者、维护者、促进者，社会各界争当城市主人翁，广大市民时时处处用自己的一言一行为全市营商环境增光添彩。

（五）坚持久久为功，持续发力

营商环境是核心竞争力，优化营商环境是一场系统性的体制变革和制度重塑。以“咬定青山不放松”的执着和“行百里者半九十”的清醒，持续推动各项便民利企政策，对标创新提升举措迭代升级，不断提升城市“软实力”。实践证明，唯有善作善成，不断适应新形势、针对新需求、推出新举措，才能更好地服务高质量发展。

13 向“新”突破 以“智”赴远

——共享智造赋能河北县域特色产业集群

“共享智造”是围绕生产制造的各个环节，运用共享经济理念，深度融合先进制造技术和新一代信息技术，通过共享生产资源、技术、服务能力等，实现制造资源有效整合、优化配置和柔性匹配，促进集群精细化、专业化协同分工，实现降本增效，推动转型升级的新模式新业态。

习近平总书记指出：“积极主动适应和引领新一轮科技革命和产业变革，把高质量发展的要求贯穿新型工业化全过程，把建设制造强国同发展数字经济、产业信息化等有机结合，为中国式现代化构筑强大物质技术基础。”为了深入贯彻习近平总书记重要讲话精神，河北省以“共享智造”赋能特色产业集群，推动高端化、智能化、绿色化转型突破，也是因地制宜培育形成新质生产力的创举。

一、典型案例

河北省无极县是我国最大的木门制造基地之一，早年一度因为工艺水平

低、设备简陋，喷涂 VOCs 排放量大等问题而深陷“生死存亡”境地。针对无极绿色家居产业集群痛点难点，冠英科技集团联合协昌集团、鸿瑞园区成立了河北智享门业智能制造有限公司（以下简称智享门业）。以智享门业作为引领无极绿色家居产业转型升级的链主企业，基于冠英科技集团“两厂一网”方案，部署 CGBox 边缘智控终端产品，筑牢数字底座，打造了产业线下绿色共享智造工厂、产业线上共享数字工厂及工业 AI 边缘智控网络，推动了集群企业设备更新、工艺升级、流程优化、产品迭代，实现了以链主为主导的产业数智化转型。

目前，河北智享门业绿色共享智能制造工厂通过了国家级环保绩效 A 级企业评定、无极门业产业数字化平台入选了《工业互联网关键技术与产品白名单》，有效推动了当地绿色家居产业集群能级提升。

二、背景情况

“共享智造”的前身是“共享制造”。“共享制造”的概念最早由学者Ellen Brandt在1990年在《共享制造的愿景》一文中提出，他观察到当时美国的一些大型制造业企业已经通过内部建立的共享制造中心，把空闲制造设备提供给小型企业使用，并且对这些小型企业的工程和管理人员进行技术培训。近20年中，随着云计算、物联网等先进技术的发展，共享理念得以在制造业中全面发展。2019年，共享制造作为共享经济在生产制造领域的应用创新得到工信部的高度重视，《关于加快培育共享制造新模式新业态，促进制造业高质量发展的指导意见》发布指出，共享制造是围绕生产制造各环节，运用共享理念将分散、闲置的生产资源集聚起来，弹性匹配、动态共享给需求方的新模式新业态。发展共享制造是顺应新一代信息技术与制造业融合发展趋势、培育壮大新动能的必然要求，是优化资源配置、提升产出效率、促进制造业高质量发展的重要举措。2024年，工业和信息化部、国家发展改革委等八部门联合印发的《关于加快传统制造业转型升级的指导意见》中多处提到共享制造。从最初的共享制造愿景到工信部发布《指导意见》定义共享制造，并指出发展共享制造的意义，共享制造在制造业领域开始发挥越来越关键的影响力。

河北省特色产业集群以传统制造业为主，普遍面临成本逐年上升、利润空间趋窄等问题。因地制宜推行“共享智造”模式，有助于集群加快智改数转，优化资源配置，降低生产成本，提升整体竞争力。有鉴于此，2024年6月，河北省工业和信息化厅出台《河北省特色产业集群“共享智造”行动方案》，《方案》提出，将分3个阶段推动“共享智造”：第一步实现包括设备、工艺等核心制造资源和制造能力的共享；第二步实现涵盖原材料集中采购、物流仓储集中管理、产品和客户服务等方面的共享；第三步实现涉及技术创新、研发设计、试验检测、金融服务等创新服务的共享，到2025

年和2028年，全省“共享智造”工厂（车间）分别达到15个和35个。

三、实践探索

党的二十届三中全会提出，健全因地制宜发展新质生产力体制机制。河北省以改革破题，因地制宜出台《河北省特色产业集群“共享智造”行动方案》，从4个方面开展“共享智造”实践。

（一）推动代工升级，鼓励和引导企业从简单生产代工向高水平代工转型。引导企业提升智造水平，建立全生命周期质量管理体系，优化集成供应链管理，开展高质量、高效率、高附加值代工服务

以装饰板材为首位产业的河北省无极县，通过共享工厂的建设运营，实现产业绿色环保与集群数字化同步发展，成功打造共享制造、数字化赋能传统产业集群转型升级的典型案例，带动“共享制造”走向了“共享智造”。

1. 首年运营产值破亿

智享门业绿色共享智能制造工厂建成后首年为产业带来12万+套室内门订单增量，带动集群产值约1.3亿元，培育规上企业3家，提升了集群企业对产业的信心和数字化转型的勇气，逐步形成组团发展的产业氛围。同时在招商引资方面，吸引了万华智造绿色大家居产业基地项目落地无极，建立了华北家居加工基地。

2. 为集群企业获取增量订单

一方面，无极中小门企背靠“中国无极之门”集群品牌的质量保障和信用背书提升了产品销售量；另一方面，智享门业依托其高标准生产设施与资质，承接了工程订单，并外协给集群企业，盘活了整个无极绿色家居产业集群生产资源，做大了产业规模。

3. 提高集群企业协作效率

利用“线上共享数字工厂”实现 100+ 家企业 3 000 套 / 日协作产能的组织调度，使产业集群效益充分释放，产品整体交付时间也大幅缩短，提升了集群竞争优势。

4. 打造产业共享智造标杆

智享门业绿色共享智能制造工厂已成为无极门业数字化、智能化的标杆示范，先期积累的经验、成果可以为其他企业共享，降低产业整体数字化转型的难度与成本。

5. 通过共享模式解决环保问题

在绿色环保方面，工厂采用水性涂料喷涂，通过源头替代、绿色工艺和沸石转轮高效末端治理等手段，通过国家级环保绩效 A 级认定，实现全年 24 小时不停产。共享工厂为集群多家企业提供了共享喷涂服务，有效解决了企业环保管控期间无法准时交付的问题，也缓解了地方环保压力。

6. AI 加持释放集群数据价值

基于 CGBox 边缘智控终端的部署，搭建了连接“设备—企业—集群”的工业 AI 边缘智控网络，相比较传统的工业系统集成联网方式，既保障企业数据安全，又支持集群连接开放，并推动了 AI 在产业中的应用与普及。在品质方面，帮助工厂运用数智化技术和 AI 工艺模型训推技术，实现产品质量的稳定达标；在科学高效决策方面，为集群企业配置 AI 群智助手，用 AI 模型替代经验式决策，用问答替代指令式管理，帮助企业简化流程，科学高效决策。

分析无极县以共享智造新模式推动制造业数值转型的过程可以发现，无极县培育了以智享门业为主的共享核心企业，成功带动了产业链上下游协同制造，实现了产业链资源共享：一是以绿色共享门业智能制造工厂的建设实现了制造能力共享；二是通过建设、无极门业产业数字化平台实现数智服务共享；三是通过 CGBox 工业数字底座、集群 AI 群智助手、AI 边缘智控网络实现创新共享。在“协同制造，资源共享”的共享智造创新模式赋能下，打响了无极绿色家居产业一举突破发展瓶颈的第一枪，实现品牌影响力、产业集群产值、企业数智化水平等各方面的提升，也为传统制造业转型升级探索了“共享智造”新路径。

（二）构建共享车间，鼓励企业聚焦集群共性制造需求，针对通用性强、购置成本高、智能化水平高的关键设备，发展协同生产、租赁使用、共享加工等模式

作为衡水丝网产业的主要聚集区，安平县拥有丝网工贸企业 1.7 万余家，其丝网产销量、出口量均占全国的 80% 以上。2023 年，安平丝网产业营业收入实现 1 006 亿元，成为河北省首个千亿级中小企业特色产业集群，“安网”商标成为全国知名的产业区域品牌。丝网产业聚链成群、集群成势，其背后的“共享”力量也发挥了巨大作用。

1. 检验共享

2024 年上半年，位于安平县的河北省丝网产品质量监督检验中心已经接收到委托检验 1 081 次，涉及石笼网、电焊网、护栏网、不锈钢网等多种产品。

依托河北省丝网产品质量监督检验中心搭建的全市首家行业共享实验室，通过技术、资源、人员共享，为企业提供快速、精准、便捷的检测服务。安平丝网共享实验室购置了仪器设备 260 多台（套），下设实验室 30 多个，通过资质认定产品种类 102 项，基本覆盖了丝网产品各类检测项目，为企业降低了检测成本。2024 年 1—6 月，该中心出具检测报告 843 份，提供原材料分析等检测技术服务 238 次。

如果丝网生产企业自己采购检验设备，需要几十万甚至上百万，且利用率不高。共享检验中心的建立为生产企业省下设备购置费用，可以投入新品研发上。

2. 设备共享

焊接设备自动化水平低、人工焊接效率低一直是安平丝网产业的瓶颈，一个结合安平丝网产业特点量身定制的，和清华大学天津高端装备研究院合作研发的无人焊接共享工厂正在加紧建设。无人焊接共享工厂包括网片焊接、方管切割、网框焊接、机器人焊接、龙门排焊、框架折弯、产品码垛七部分，配备上料机、切割机、焊接机器人、抓取机器人、龙门焊机、传送设备、码垛设备等自动化设备，与传统手工焊接技术相比，该系统具有工艺先进、生产效率高、焊接变形小、焊接质量好等优点，将极大缓解产业发展“痛点”。

（三）搭建共享工厂，引导集群整合制造资源，建设一批共享工厂标杆，逐步实现技术、采购、设备、仓储、物流、售后等全流程共享服务。建设共享平台，发展“平台接单、按工序分解、多工厂协同”的共享制造模式

位于唐山高新区的河北佳定舒科技有限公司是一家初创机器人企业，公司 2023 年 5 月成立，对于他们这家办公室仅 65 平方米的企业来说，5 个年轻人就是公司的全部“资产”。机器人被誉为“制造业皇冠顶端的明珠”，其研发、制造和应用需要具备先进的生产设备、现代化的生产车间等生产要素。但对国内数量众多的中小企业来说，高投入、高成本常常使其在入局机器人市场时望而却步。对于刚毕业的创业新人和佳定舒这种中小微机器人企业来说，资金实力非常有限，如何把设计创意、研发项目落地，生产制造设备、加工测试场地是一大难题。

为了解决他们的难题，唐山市在机器人行业全力打造“共享工厂”。2024 年年初，百川机器人共享制造工厂正式启动。11.7 万平方米的厂房，800 台（套）的先进设备，1 000 多位专业技术人员，设有生产制造、设计研发、质量管理等 7 个部门，通过打通平台注册、提交业务需求、客户收货、售后保障的全流程，面向京津冀人工智能与机器人领域提供共享服务，每年 10 亿元的采购量，加上全国 200 多个售后网点和物流团队……通过共享智造，公司能够充分释放自身在加工制造中的科技实力，在提高产能利用率的基础上取得一定收益。各种要素齐聚，搭建共享平台，集合域内的其他企业富余加工的能力，实现加工能力的数字化共享。

机器人共享制造工厂能够为机器人中小企业提供技术、采购、设备、仓储、物流、售后等共享资源。从产品创意到生产落地，中小企业可以享受全产业链、全流程服务。让小企业“拎包入住”去创新，花小钱就能办大事。从创意想法到最后的售后，实现了机器人共享制造工厂整个产业链的闭环。据测算，在共享工厂加工能够为企业减少 15% 的时间，降低 10% 的成本。共享工厂三期项目预计2024年年底建设完成，投产后能够提供年产机器人产品3 000台（套）的共享制造生产能力。

（四）打造共享载体，依托各类园载体，创新运营模式，整合各类资源，推动共享智造功能升级。支持“领跑者”企业依托载体开放研发、制造等资源，将配套企业纳入供应链管理体系，提供研发设计、生产制造、专业人才、投融资等服务，推动大中小企业融通发展

2024年9月，宁晋县贾家口镇高端智能制造产业园区内的泽楷线缆河北有限公司共享工厂内，拉丝、绞合、绝缘、成缆……各生产环节正开足马力生产。该公司设备先进，能够制造多种类型、多种规格的电线电缆，一经投产，立即接受了大量“共享智造”订单，24小时生产不停，共享模式和先进设备形成了合力。让产能有限、制造能力不过硬的中小企业，用共享设备生产，降低成本、提高质量、提升效率高。

贾家口镇高端智能制造产业园区是宁晋县按照共享工厂机制打造的专业“园中园”，总投资34.95亿元。入园企业主要生产超高速悬链交联电缆、新能源电缆及相关配套高分子电缆辅料。园区将推动入驻企业联合开展研发生产，助力企业实现上下游、产供销、大中小企业集团化运营、抱团式发展，实现资源配置效率最优化和效益最大化。

河北晶辉针织科技有限公司入驻河北联怡供应链共享平台后，便享受到了采购和仓储物流等便利。该公司负责人张彦磊介绍，对于初创企业来说，由于需要小批量采买原材料，销售方要么不愿意接单，要么要价太高，共享平台集采购、仓储、物流等服务于一体，很好地解决了公司的问题。

针对小微企业创新研发面临的共性问题，邢台市成立众联工业设计创新中心，汇聚多家工业设计机构，打造工业设计共享模式，为一大批中小企业和创新创业者提供了产品设计方案，助其打开市场。

临西县组建轴承产业集群专业化服务平台临轴集团，建设河北省滚动轴承产品质量监督检验中心，对原材料采购、研发检测、设备租赁、市场推广等环节提供专业化共享服务，着力构建完整的轴承产业生态。

宁晋县黄儿营西村工业园区将大型企业的先进技术和高端产品进行整合，为园区内中小企业共享了150多项技术成果。在园区设计中心和研发团队的帮助下，成功开发了柔性防火电缆、铝合金电力电缆两大系列的产品，订单增加了30%。

“目前，邢台各个产业集群围绕‘共享智造’开展了卓有成效的尝试。”邢台市工信局副局长董南星表示，邢台将持续优化共享工厂模式，培育一批实施“共享智造”的核心企业，打造一批共享车间、共享工厂、共享平台，推动产业集群向高端化、智能化、绿色化转型。

四、经验启示

“共享智造”有利于优化资源配置，促进中小企业发展和提升产业链水平。一是优化资源配置。“共享智造”通过集聚分散、闲置的生产资源，将其弹性匹配、动态共享给需求方，从而提高了生产资源的利用效率，减少了闲置产能，扩大了有效供给。通过共享智造，企业可以减少对自有资源的依赖，降低设备购置、维护等成本，进而降低整体制造成本。二是促进中小企业发展。中小企业在资金、技术、人才等方面往往处于劣势地位，而“共享智造”模式为它们提供了获取优质制造资源的机会，降低了生产和交易成本。通过“共享智造”平台，中小企业可以接触到更多的行业信息和先进技术，提升其生产效率和产品质量。平台上的合作机会也有助于中小企业拓展市场渠道和客户资源。三是提升产业链水平。“共享智造”模式打破了企业间的界限，使得大中小企业能够基于共同的需求和利益进行合作，形成更加紧密的产业生态，有助于提升产业链的竞争力，同时有助于加强产业链上下游企业之间的合作与协同，推动产业链向更高水平发展。

共享智造发展需要政府、平台、企业等各方面共同努力。目前，产能共享发展还面临一些困境：多数制造企业对共享智造还缺乏了解和认识，无法参与到共享经济中来；很多地方的产业政策还没有顾及共享智造新业态，关注和支持力度不够；多数共享智造平台还处在起步阶段，商业模式和能力建设需要完善，发展过程中受到信用数据共享难、知识产权保护不力、现有法规政策不适应新业态发展等多方面因素制约。这些困难既是共享智造发展的阻力，也是共享智造发展的潜力所在。找到痛点，集中发力突破瓶颈，共享智造就可以迎来真正的春天。

（一）用共享的方法提高各环节经营运作效率

通过共享模式在研发、生产及销售等环节的应用，可以有效提升经营运作效率，实现资源优化配置和价值最大化。比如，在研发环节可以鼓励全员创新，搭建“人人创客”平台，可以吸引社会力量参与产品创新；在生产环节，可以委托生产，租赁设备、厂房、生产线；在销售环节，可以共享渠道、物流，可以采取众筹众投、以租代售、个性化定制等模式，也可以动员社会力量参与销售和服务。

（二）小微企业可以积极利用已有共享智造平台，增强创新能力，扩大生存空间

对于众多小微企业，构建大型共享智造平台的可能性不大，但利用已有平台提升自身实力的机会还是很多的。目前，制造领域在研发、设计、生产、检测、物流、渠道、服务等各个环节都已经有大量的共享平台存在，上面集中了海量的供给与需求，为小微企业发展提供了全新的机遇和市场空间。

（三）有条件的大中型企业可以搭建垂直行业共享智造平台，从做企业转向做平台，从做产品转向做生态

平台化、生态化是所有产业发展的大趋势，将来会形成“业业有平台”的局面，但目前各细分领域都还处在探索阶段。一般而言，行业龙头企业、产业集聚区领头企业等都有一定的能力基础，有机会在垂直细分市场打造出一个全行业或区域性的共享智造平台。即便没有能力成为全行业数一数二的大型平台，企业自身发展也应尽量逐步实现平台化运营、生态化扩张。

（四）认识决定选择，行动决定结果

共享智造刚刚兴起，不同地区、不同领域情况差别很大。河北省各地应加强共享经济尤其是共享智造的研究、培训和宣传，提升公众认知和支持度，推动相关政策和项目的落地实施。同时，各地也需要及时总结推广成功经验与做法，形成示范案例，在全社会营造关心、支持和创新发展共享经济尤其是共享智造的良好氛围；面向基础条件好和需求迫切的地区、行业，遴选一批示范带动作用强、可复制可推广的共享智造示范平台和项目，及时跟踪、总结、评估示范过程中的新情况、新问题和新经验，加强典型经验交流和推广，进一步推动共享智造在不同行业的深度应用和创新发展；支持共享智造企业积极申报全国企业管理现代化创新成果；鼓励有条件的地方先行先试，开展共享智造试点，及时跟踪、总结经验，培育共享智造优秀供应商，形成共享智造产业生态供给资源池。

14　以高水平安全保障高质量发展

——防范化解重点领域风险，强化金融稳定保障体系

在当今复杂多变的国际国内形势下，确保高水平的安全保障是推动我国经济高质量发展的坚实基础。面对世界百年未有之大变局，我们坚持稳中求进的工作总基调，注重防范化解重点领域风险，强化金融稳定保障体系，旨在构建更加安全、更加高效的经济社会环境。近年来，通过一系列有力措施，我们在维护国家安全和社会稳定方面取得了显著成效，为促进经济持续健康发展提供了坚强保障。

一、典型案例

2024 年 11 月 19 日，河北金融监管局发布《河北金融监管局关于清河金农村镇银行股份有限公司解散的批复》《河北金融监管局关于沙河襄通村镇银行股份有限公司解散的批复》，同意清河金农村镇银行股份有限公司、沙河襄通村镇银行股份有限公司因被收购而解散，两家村镇银行全部业务、财产、债权、债务以及其他各项权利、义务由邢台银行承继。

2024 年以来，河北省内多家村镇银行因被收购而解散。10 月 25 日，赞皇隆兴村镇银行股份有限公司因被正定农村商业银行吸收合并而解散；9 月 20 日，昌黎家银村镇银行、秦皇岛抚宁家银村镇银行、卢龙家银村镇银行因被张家口银行收购合并而解散；7 月 5 日，平山西柏坡冀银村镇银行因被河北银行收购合并而解散。

中小金融机构改革化险驶入“快车道”，收购、合并或解散改建成分支机构成为“主旋律”。除村镇银行外，农信社改革化险的步伐亦不断加快。在改革加速推进的过程中，银行业金融机构法人数量也出现了明显变化，来自国家金融监督管理总局公布的数据显示，截至 2024 年上半年末，全国银行业金融机构法人数量为 4 425 家，相较 2023 年末的 4 490 家减少了 65 家，这意味着部分农信社、村镇银行因为被吸收、合并，从而失去了独立法人地位。

关于中小金融机构的化险路径，国家金融监督管理总局局长李云泽在 2024 年 11 月召开的第三届国际金融领袖投资峰会上指出，有序推进中小金融机构改革化险，“一省一策”制定风险处置方案，重点地区高风险机构处置取得实质性进展，农信社和村镇银行改革稳步实施。

二、背景情况

2023 年，我国经济运行总体呈现增速较高、就业平稳、物价较低、国际收支基本平衡的格局。同时，国内经济大循环存在堵点，风险隐患仍然较多，因此，要统筹化解房地产、地方债务、中小金融机构等风险，坚决守住不发生系统性风险的底线。

（一）时代背景

当前，我国房地产市场正经历结构性转变，总体来看，这一过程对金融体系外溢性有限，房地产金融风险可控。长期来看，我国城镇化仍处于发展阶段，居民家庭改善性住房需求较大，可以为房地产市场和行业长期稳定发展提供支撑。

我国政府债务水平在国际上处于中游偏下水平，中央政府债务负担较轻，大部分地方债务水平也不高，并有较多资源和手段化解债务。虽然风险总体可控，但局部风险和隐性债务风险犹存。

当前形势下，我国金融业长期积累的结构性、周期性问题显现，中小金融机构生存与发展面临一定挑战。近年来，河南村镇银行、恒丰银行、包商银行、锦州银行等中小金融机构风险事件频发，暴露出中小金融机构的治理难题，以及金融腐败与金融风险的深度交织。

（二）政策背景

2023 年 12 月 11 日至 12 日在北京举行的中央经济工作会议部署做好 2024 年经济工作的 9 项重点任务，强调要“持续有效防范化解重点领域风险”。防范化解重点领域风险在今年的政府工作报告中被单独分列一项，明确了当前化解重点领域风险问题的重要性，也突出了现实紧迫性。

2024 年 7 月 18 日，中国共产党第二十届中央委员会第三次全体会议胜利召开，会议通过了《中共中央关于进一步全面深化改革　推进中国式现代化的决定》。全会指出，要统筹好发展和安全，落实好防范化解房地产、地方政府债务、中小金融机构等重点领域风险的各项举措。会议强调，科学的宏观调控、有效的政府治理是发挥社会主义市场经济体制优势的内在要求。必须完善宏观调控制度体系，统筹推进财税、金融等重点领域改革，增强宏观政策取向一致性。会议还提出要完善政府债务管理制度，建立全口径地方债务监测监管体系和防范化解隐性债务风险长效机制，加快地方融资平台改革转型。

稳妥推进重点领域金融风险防范化解也是 2024 年中国人民银行工作会议部署的十项重点工作之一。中国人民银行在 2024 年金融稳定工作会议上强调，防范化解金融风险特别是防止发生系统性金融风险，是金融工作的根本性任务。金融稳定系统要持续深入贯彻中央经济工作会议和中央金融工作会议精神，做好2024年金融稳定工作。会议明确，要继续按照“稳定大局、统筹协调、分类施策、精准拆弹”的方针，把握好权和责、快和稳、防和灭的关系，持续有效防控、化解重点领域风险；要加强从宏观视角对金融稳定总体形势的分析，健全风险监测评估体系，完善系统性风险认定机制，强化风险提示和早期预警；要有力有序有效处置存量风险，进一步健全具有硬约束的风险早期纠正机制，遏制增量风险；要持续完善风险处置机制，强化金融稳定保障体系，构建防范化解金融风险长效机制，牢牢守住不发生系统性金融风险的底线。

习近平总书记指出，“前进的道路不可能一帆风顺，越是前景光明，越是要增强忧患意识，做到居安思危”，“我们必须坚持标本兼治、远近结合，牢牢守住不发生系统性风险底线”。2024年以来，在以习近平同志为核心的党中央坚强领导下，各地区各部门系统谋划、政策同向发力、治理协同推进，着力健全风险防控长效机制，维护经济金融大局稳定，防范化解重点领域风险取得积极进展。房地产市场出现积极变化，中小金融机构改革化险步伐加快，统筹做好了地方债务风险防范化解工作。

三、实践探索

综合市场分析来看，未来持续有效防范化解重点领域风险的关键点之一，在于要通盘考虑房地产、地方债务、中小金融机构组成的重点“风险三角”之间的关联关系。

（一）打出组合拳，力促房地产市场止跌回稳

习近平总书记指出：“住房问题既是民生问题也是发展问题，关系千家

万户切身利益，关系人民安居乐业，关系经济社会发展全局，关系社会和谐稳定。”2024 年 9 月 26 日召开的中共中央政治局会议再次强调，“要促进房地产市场止跌回稳”，“要回应群众关切，调整住房限购政策，降低存量房贷利率，抓紧完善土地、财税、金融等政策，推动构建房地产发展新模式”。

10 月以来，有关部门指导各地迅速行动，抓存量政策落实、抓增量政策出台，打出一套“组合拳”，概括起来就是四个取消、四个降低、两个增加。

1. 四个取消

取消或调减限购、取消限售、取消限价、取消普通住宅和非普通住宅标准。充分赋予城市政府调控自主权，城市政府因城施策，调整或取消各类购房的限制性措施。针对取消普通住宅和非普通住宅标准政策，财政部部长助理宋其超表示，目前正抓紧研究明确与取消普通住宅和非普通住宅标准相衔接的税收政策。这些政策将统筹把握相关城市房地产调控的节奏和地方财政收入形势，作出科学合理安排；赋予地方一定的自主权，保持政策稳定性和公平性；有效降低房地产企业和购房人负担，促进房地产市场止跌回稳。财政部表示，具体政策正在抓紧履行相关程序。

2. 四个降低

降低住房公积金贷款利率、降低住房贷款的首付比例、降低存量贷款利率、降低“卖旧买新”换购住房的税费负担。其意在于降低居民购房成本，减轻还贷压力，支持居民刚性和改善性住房需求。根据这次政策要求，预计存量房贷利率将平均下降0.5%左右，总体上将节省利息支出1 500亿元，惠及5 000万户家庭、1.5亿居民。目前，除北京、上海、深圳三个一线城市自主采取差异化安排外，全国绝大多数城市不再区分首套、二套住房，最低首付比例统一调整为15%。

3. 两个增加

一是通过货币化安置等方式，新增实施100万套城中村改造和危旧房改造；二是今年底前将“白名单”项目的信贷规模增加到4万亿元。在前期城中村和危旧房改造基础上，再新增100万套，并通过货币化方式加大政策支持力度：一是重点支持地级以上城市；二是开发性、政策性金融机构可以给予专项借款；三是允许地方发行政府专项债；四是给予税费优惠；五是商业银行根据项目评估还可以发放商业贷款。年初以来，城市房地产融资协调机制把合规房地产项目都纳入“白名单”。今后符合“白名单”标准条件的房地产项目均按照“白名单”管理，做到“应进尽进”；原则上，如果有关条件和要求没有发生变化，对于进入“白名单”的项目，银行就应做到“应贷尽贷”；商业银行可以在与房地产项目公司协调一致的前提之下，根据房地产项目公司提供的用款计划，将全部贷款提前发放至房地产项目公司开立的项目资金监管账户；截至2024年10月16日，据统计，“白名单”房地产项目已审批通过贷款达到 2.23 万亿元，预计到 2024 年底，“白名单”项目贷款审批通过金额将翻倍，超过 4 万亿元。

（二）建立长效机制，抓紧抓实地方债务风险化解

有效化解地方债务风险也是 2024 年宏观政策的一个关键点。由于疫情后全球经济增长放缓、经济前景不确定性增加，很多国家选择通过财政政策发力，为经济恢复增长提供支撑。作为积极的财政政策的重要工具之一，近年来，我国地方政府专项债券发行力度也进一步加大。2024 年的预算报告明确，新增地方政府专项债务限额 39 000 亿元，比上年增加 1 000 亿元，支持地方加大重点领域补短板力度。

中央经济工作会议提出，统筹好地方债务风险化解和稳定发展，经济大省要真正挑起大梁，为稳定全国经济作出更大贡献。人民银行将会同有关部门指导金融机构按照依法合规、平等协商的原则，稳妥化解地方政府存量债务风险，严格控制新增债务，健全债务风险防范长效机制，必要时对债务负担相对较重地区提供应急流动性支持。支持地方政府通过并购重组、注入资产等方式，逐步剥离融资平台政府融资功能，转型为市场化企业。

给地方债务戴上“紧箍咒”，坚持“开前门”和“堵后门”并举，对地方政府债务实行限额管理，在多地开展全域无隐性债务试点，通报隐性债务问责典型案例……近年来，我国积极出台一系列政策措施，不断健全完善地方政府法定债务管理，积极稳妥化解地方政府隐性债务风险。

财政、金融、地方协同发力。2023 年，财政部在地方政府债务限额空间内安排一定规模的再融资政府债券，支持地方特别是高风险地区化解隐性债务和清理政府拖欠企业账款等，缓释到期债务集中偿还压力，降低利息支出负担。金融管理部门积极行动，引导金融机构通过展期、借新还旧、置换等市场化方式化解融资平台债务风险，并依法维护金融机构合法权益。压实地方责任。按照“省负总责，市县尽全力化债”的原则，各地立足自身努力，

统筹各类资源，制定化债方案，逐项明确具体措施。

2024 年 11 月 18 日，财政部宣布两项重大政策进展，一是 11 月 9 日将全国人大常委会批准的 6 万亿元新增地方债务限额下达各地，用于置换地方政府隐性债务，部分省份已启动发行工作。按此计划，今年最后两个月将有 2 万亿元地方政府债券待发行，用于置换隐性债务。此轮化债不仅可以大大减轻地方政府的偿债压力，释放地方政府的经济活力，同时也将会给地方政府的主要债权人之一商业银行送去利好。地方债置换存量隐债将降低银行资产端风险，改善商业银行指标，使其可以更好地支持实体经济。二是财政部正在制定 2025 年地方债额度提前下达的工作方案，以更好保障重点领域重大项目资金需求，发挥政府债券资金对经济回升向好的作用。按往年提前下达额度估算，专家预计或超 2 万亿元。

（三）落实强监管严监管要求，推进中小金融机构改革化险

2023 年 6 月末，全国农村中小银行涉农和小微企业贷款余额分别达到 15.4 万亿元、16.1 万亿元，涉农和小微企业贷款占贷款总额的近八成，是金融支农支小的主力军。监管部门只有对农村中小金融机构经营风险引起足够重视，加大监管力度，督促农村中小金融机构夯实风险内控机制、补充足额资本金和风险拨备覆盖，最大限度地降低不良资产损失，提高经营盈利能力，才会化解农村中小金融机构破产倒闭风险。

2023 年，金融监管总局正式成立，作为国务院直属机构，它统一负责除证券业之外的金融业监管。也正是在这一年，金融监管总局顺利完成总局和省市派出机构挂牌，机关内设司局调整和干部调配平稳落地。金融监管总局成立以来，持续有效防范化解重点领域风险，中小金融机构改革化险步伐加快，农村信用社改革有序推进。持续提升服务实体经济质效，制造业中长期贷款、高技术产业贷款、普惠型小微企业贷款快速增长，京津冀等地洪涝灾害和重大事故保险赔付实现快赔预赔、应赔尽赔。

国家金融监督管理总局2024年重点工作任务中提到，要求全力推进中小金融机构改革化险，积极稳妥防控重点领域风险，坚决落实强监管严监管要求，跨前一步强化央地监管协同，着力防范打击非法金融活动，坚定不移深化金融改革开放，精准高效服务经济社会发展，平稳有序完成机构改革任务。全力推进中小金融机构改革化险，健全金融风险处置常态化机制，落实机构、股东、高管、监管、属地、行业六方责任，推动形成工作合力。积极稳妥防控重点领域风险，强化信用风险管理，加大不良资产处置力度。

村镇银行改革重组和农信社改革化险已成为趋势，部分村镇银行、农信社等中小银行存在内部管理不健全、治理不够完善、少数银行存在经营不规范行为等，容易滋生操作风险；经营和风控能力相对弱，潜在不良压力较大；同时，由于宏观经济变化，市场竞争加剧，部分区域中小银行面临资本实力弱、产品服务和创新能力不足、经营效率低、客户黏性不足、流动性管理压力大等问题。中小银行重组对于防范和化解金融风险有利，通过收购、合并等方式，可以将不良资产进行剥离和处置，补充资本金，提高银行的资产质量和资本充足率。

人民银行配合有关部门和少数高风险机构相对集中的省份制订、实施中小银行改革化险方案，进一步压降高风险机构数量和风险水平，按照市场化、法治化原则处置金融风险，依法保护最广大储户、中小投资者和被保险人的利益。未来，中小金融机构发展趋势可能会分为两大方向：一方面，运营状况良好、发展前景明朗的机构有望继续维持其“小而精”的市场定位，保持较强的竞争力；另一方面，多数银行可能会由规模更大的银行控股或者引入战略投资者，以此来增强自身资本实力，有效控制风险，并提高合规管理水平，确保业务的长期稳定运行。

四、经验启示

安全是发展的前提，发展是安全的保障。没有安全和稳定，一切都无从谈起。以高质量发展促进高水平安全，以高水平安全保障高质量发展，才能增强经济活力。领会好、落实好中央经济工作会议精神，我们必须坚持系统观念，全面加强监管，统筹风险化解和稳定发展的关系。

（一）持续有效防范化解重点领域风险，稳妥有序化解和处置存量风险，严控增量风险，相关部门多措并举，政策效应持续释放

2024年以来，政策同向发力、治理协同推进，防范化解重点领域风险取得积极进展。房地产市场出现积极变化，中小金融机构改革化险步伐加快，统筹做好地方债务风险防范化解工作。从长远看，我国经济回升向好、长期向好的基本趋势没有改变，保持金融体系稳定具有坚实的基础，防范化解重点领域风险取得积极进展，巩固了经济总体平稳、稳中有进的基础。

（二）标本兼治、远近结合，健全风险防控长效机制

习近平总书记指出："要完善风险防控机制，建立健全风险研判机制、决策风险评估机制、风险防控协同机制、风险防控责任机制。"2024年以来，我国政府着眼当前、立足长远的政策接连落地，着力健全风险防控长效机制，维护经济金融大局稳定。夯实防范化解金融风险的制度根基，持续健全金融风险预防、预警、处置、问责制度，补齐金融风险防范化解制度短板，进一步提升了金融风险防控的有效性。

（三）完善金融监管体系，依法将所有金融活动纳入监管，强化监管责任和问责制度，加强中央和地方监管协同

加强金融稳定保障体系建设，完善金融风险防范、预警和处置机制，筑牢金融安全网，具体有四方面举措：一是要强化金融机构的公司治理和风险管理，压实金融机构自身主体责任，优化股权结构，规范股东行为，健全公司治理架构，建立有效的内部控制体系；二是要加强金融监管，宏观审慎管理、微观审慎监管、行为监管等各司其职、相互配合、形成合力，确保监管全覆盖，不留监管死角和空白，提高监管的有效性和针对性；三是要推动金融安全网建设，提升风险监测、评估和预警能力，健全具有硬约束的金融风险早期纠正机制，建立权责对等、激励相容的风险处置责任机制，发挥好行业保障基金、金融稳定保障基金的作用，强化存款保险专业化风险处置职能；四是强化金融稳定的法治保障，加快推动出台金融稳定法等法律法规，为金融风险防范化解提供坚实的法律基础，确保各项工作依法有序开展。

15 贯彻总体国家安全观
强化风险防控与安全机制建设

全民国家安全教育日是中国为了增强全民国家安全意识，维护国家安全而设立的节日。2015 年 7 月 1 日，全国人大常委会通过的《中华人民共和国国家安全法》第十四条规定，每年 4 月 15 日为全民国家安全教育日。

维护国家安全是国家的头等大事，国家安全立法是国家安全的基本法律保障。2015 年 7 月 1 日，十二届全国人大常委会第十五次会议表决通过了新的国家安全法。国家主席习近平签署第 29 号主席令予以公布。新国家安全法是为了应对国家安全新形势制定的一部综合性、全局性、基础性的法律，它强调坚持总体国家安全观，对维护国家安全的任务与职责，国家安全制度，国家安全保障，公民、组织的义务和权利等方面进行了规定。为提升全社会的国家安全意识，新国家安全法将每年 4 月 15 日定为全民国家安全教育日，通过多种形式开展国家安全宣传教育活动。

一、典型案例

2024 年 4 月 15 日，河北省 2024 全民国家安全教育日暨“千万师生同上一堂国家安全教育课”启幕仪式在河北传媒学院举行，通过系列专题教育活动，引导广大师生关心国家安全，维护国家安全。2024 年是习近平总书记提出总体国家安全观 10 周年，4 月 15 日是第九个全民国家安全教育日。全省各地各部门围绕“总体国家安全观 · 创新引领 10 周年”活动主题，组织开展了形式多样、内容丰富的全民国家安全教育日宣传活动，营造依法维护国家安全的浓厚氛围。连日来，河北省各地各部门积极组织人民群众广泛参与国家安全宣传教育活动，共筑维护国家安全的坚固防线。石家庄解放广场举行全民国家安全教育日反恐怖宣传教育活动，石家庄市公安局桥西分局等单位通过悬挂横幅标语、播放反恐视频、设置宣传展牌、发放宣传材料等形式开展宣传教育，让广大群众进一步了解反恐基本常识，增强国家安全意识和应对突发事件的安全防范意识，提升应对暴力恐怖突发状况的处置能力。张家口组织开展国家安全教育日全民健步走活动，沿路设置多个打卡点，各点位安排文艺汇演、互动问答、趣味运动、文创推介、发放宣传资料和小礼品等活动，就国家安全、保密普法等相关知识进行宣传。秦皇岛、邯郸等地组织开展国家安全动漫海报设计大赛和短视频创意大赛，引导广大群众增强国家安全意识。

二、背景情况

国家安全是民族复兴的根基，社会稳定是国家强盛的前提。习近平总书记强调：“国家安全工作是党治国理政一项十分重要的工作，也是保障国泰民安一项十分重要的工作。”党的十八大以来，以习近平同志为核心的党中央高度重视国家安全问题，精准判断国内国际安全环境，深入把握国家安全面临的一系列新形势新任务，着力推进国家安全体系和能力建设，有效防范化解各类安全风险，不断开创新时代国家安全工作新局面，确保党和国家长治久安。2014 年 4 月 15 日，习近平总书记在中央国家安全委员会第一次会议上首次提出总体国家安全观，强调必须坚持总体国家安全观，以人民安全为宗旨，以政治安全为根本，以经济安全为基础，以军事、文化、社会安全为保障，以促进国际安全为依托，走出一条中国特色国家安全道路。为维护国家安全擘画出理论与实践蓝图。

总体国家安全观是习近平新时代中国特色社会主义思想的国家安全篇，这一思想体系从党和国家维护国家安全的实践经验中总结、升华而来，又在不断创新、持续完善中推动国家安全工作向前发展。2017 年 10 月，党的十九大将坚持总体国家安全观纳入新时代坚持和发展中国特色社会主义的基本方略，并写入党章。2018 年 4 月，习近平总书记在十九届中央国家安全委员会第一次会议发表重要讲话，提出全面贯彻落实总体国家安全观的“五个坚持”。2020 年 10 月，党的十九届五中全会首次把统筹发展和安全纳入“十四五”时期我国经济社会发展的指导思想，并列专章作出战略部署，突出了国家安全在党和国家工作大局中的重要地位。2020 年 12 月，中共中央政治局就切实做好国家安全工作举行第二十六次集体学习，习近平总书记就贯彻总体国家安全观提出“十个坚持”，内容科学系统、逻辑严密，进一步揭示了总体国家安全观的丰富内涵与核心要义，标志着总体国家安全观理论体系的正式确立。

当前，我国正处在实现中华民族伟大复兴的关键时期，机遇与挑战并存，国际局势复杂多变，地缘政治冲突加剧，国内改革发展稳定任务艰巨繁重，发展进程中遇到的各种风险因素显著上升，国家安全问题的复杂、艰巨程度日益突出。面对国内外环境的一系列深刻变化，必须统筹好发展和安全，健全国家安全体系，增强维护国家安全能力，进一步夯实中国式现代化行稳致远的重要基础。党的二十大报告强调，国家安全是民族复兴的根基，社会稳定是国家强盛的前提，必须坚定不移贯彻总体国家安全观。党的二十届三中全会审议通过的《中共中央关于进一步全面深化改革、推进中国式现代化的决定》提出，必须全面贯彻总体国家安全观，完善维护国家安全体制机制，实现高质量发展和高水平安全良性互动，切实保障国家长治久安。习近平总书记指出："安全是发展的前提，发展是安全的保障。"在以中国式现代化全面推进强国建设、民族复兴伟业的征程上，我们既要善于运用发展成果夯实国家安全的实力基础，又要善于塑造有利于经济社会发展的安全环境，将安全与发展两个方面有机融合起来，既重视发展问题，又重视安全问题，把国家安全贯穿到党和国家工作各方面全过程，同经济社会发展一起谋划、一起部署，坚持安全与发展并举。

三、实践探索

总体国家安全观为新时代新征程国家安全工作提供了根本遵循，是我们党历史上第一次形成的系统完整的国家安全理论体系。要全面贯彻落实总体国家安全观，健全国家安全体系，完善公共安全治理机制，健全社会治理体系，完善涉外国家安全机制，加快推进国家安全体系和能力现代化。

（一）健全国家安全体系

国家安全体系是国家安全制度及其执行能力的集中体现。强化国家安全工作协调机制，以及完善国家安全法治体系、战略体系、政策体系、风险监测预警体系，以及完善重点领域安全保障体系和重要专项协调指挥体系，是当前国家安全工作的核心任务。在我国水利部门在推进新时代洪涝灾害防御工作过程中，这一理念得到了具体实践。水利部门通过构建责任落实机制、决策支持机制和调度指挥机制，致力于提升洪涝灾害防御能力。2023 年，水利部滚动会商 161 次，启动洪涝灾害防御应急响应 22 次，全系统向防汛责

任人发布预警短信 4 680 万条，下达调度指令 2.05 万道，派出工作组 23.86 万人（次）、专家组 6.74 万人（次）奔赴防汛抗洪一线。构建联动高效的国家安全防护体系，推进国家安全科技赋能。当前，量子加密防护在保障通信安全方面发挥着重要作用，中移互联网将超级 SIM 卡作为量子密钥的核心载体，联合西藏移动为嘉黎县公安局提供了警务终端安全解决方案，凭借“强可信身份认证 + 量子真随机密钥 + 一话一密”的独特能力，为干警们日常工作的通话、信息和文件都加上了量子加密“护盾”，显著提升了移动警务系统的安全保障能力。

（二）完善公共安全治理机制

公共安全是国家安全的重要体现，一头连着经济社会发展，一头连着千家万户，是最基本的民生，维护公共安全就是维护最广大人民的根本利益。为此，各级政府及相关部门要健全重大突发公共事件处置保障体系，完善大安全大应急框架下应急指挥机制，强化基层应急基础和力量，提高防灾减灾救灾能力。2024 年 6 月，十四届全国人大常委会第十次会议高票通过修订后的《中华人民共和国突发事件应对法》，国家主席习近平签署主席令予以公布，自 2024 年 11 月 1 日起施行。修订突发事件应对法是深入贯彻习近平总书记关于应急管理重要论述精神的迫切要求，是全面落实党中央关于应急管理体制改革重大决策部署的有力保障，是系统总结应对突发事件经验做法的重要成果，为新时代高质量开展突发事件应对工作提供有力法治保障。2024 年 8 月，市场监管总局（国家标准委）会同中央网信办、公安部、交通运输部、应急管理部等 10 个部门联合印发《关于实施公共安全标准化筑底工程

的指导意见》，推动公共安全标准协调机制更加健全，公共安全标准技术组织体系更加完善，标准化工作的基础进一步夯实。

在完善安全生产风险排查整治和责任倒查机制方面，2024 年以来，江西省树牢主动警务、预防警务理念，深化矛盾纠纷排查化解，深化校园及周边安全治理，深化“三个一律”道路交通安全风险隐患排查治理，切实推动公共安全治理向事前预防转型。在完善食品药品安全责任体系方面，2022 年 1 月，国家药监局等八部门联合印发《“十四五”国家药品安全及促进高质量发展规划》，《规划》在编制过程中，坚持以习近平新时代中国特色社会主义思想为指导，严格落实习近平总书记“四个最严”等重要指示批示精神，深入贯彻党中央、国务院有关部署，坚持以人民为中心，把最严谨的标准、最严格的监管、最严厉的处罚、最严肃的问责切实贯彻到“十四五”时期药品安全工作中；同时以推进高质量发展为主题，以改革创新为根本动力，以满足人民日益增长的用药需求为根本，切实保障药品安全有效，守护人民生命安全和身体健康，不断实现人民对美好生活的向往。

在健全生物安全监管预警防控体系方面，2023 年 4 月，中国农业科学院西部农业研究中心西部作物生物安全防控创新团队成立。创新团队的主要任务是面向西部作物生物安全的重大需求，立足新疆独特的地域特性和特色农区生产，以危险性外来入侵生物和原发性作物有害生物为研究对象，重点聚焦作物有害生物的预警监测、灾变机制和综合治理三大科学问题，优化创新集成作物有害生物监测预警与区域性综合治理技术体系，实现早期预警“治早”、准确监测“治小”和绿色防控“治了”目标，为新疆和西部地区作物生物安全提供有力的科技支撑与战略保障。

在加强网络安全体制建设，建立人工智能安全监管制度方面，2024 年 9 月，全国网络安全标准化技术委员会在 2024 年国家网络安全宣传周主论坛上发布了《人工智能安全治理框架》1.0 版。《框架》按照风险管理理念，紧密结合人工智能技术特性，分析人工智能风险来源和表现形式，针对模型算法安全、数据安全和系统安全等内生安全风险，和网络域、现实域、认知域、伦理域等应用安全风险，提出相应技术应对和综合防治措施，以及人工智能安全开发应用指引。对推动社会各方积极参与、协同推进人工智能安全治理具有重要促进作用，为培育安全、可靠、公平、透明的人工智能技术研发和应用生态，促进人工智能的健康发展和规范应用，提供了基础性、框架性技术指南。

（三）健全社会治理体系

社会治理是社会建设的重大任务，是国家治理的重要内容。在社会治理体系建设方面，要坚持和发展新时代“枫桥经验”，健全党组织领导的自治、法治、德治相结合的城乡基层治理体系，完善共建共治共享的社会治理制度。2024 年 2 月，河北白沟新城深入践行新时代“枫桥经验”，优化新形势下矛盾纠纷多元化解机制，推动“社区、公安、司法”三方联动，在基层派出所组建联合调解中心，通过设置“为大哥”调解室及心理咨询室、法律服务处等，探索“一站式”解决矛盾纠纷新途径。白沟新城凝聚多方专业性和社会性调解力量，强化诉前调解，推进多元解纷，探索建立“法官 + 社区干部 + 人民调解员”“社区妇联 + 公益律师 + 心理咨询师 + 家庭教育指导师 + 志愿普法员”等联动调解模式，提升调解质效，推动形成集矛盾纠纷调解、心理咨询、法治宣传和法律服务为一体的“大调解”工作格局。在人口管理制度方面，从国家层面统筹人口管理制度，将更好保障公民合法权利、便利公民社会生活，全面提升公共服务水平，促进经济社会发展，同时也为社会治理、国家安全提供基础性支撑。健全社会工作体制机制，加强党建引领基层治理，加强社会工作者队伍建设，推动志愿服务体系建设。近年来，重庆城口县聚焦建设“三县一城一枢纽”，统筹推进基层治理、志愿服务等工作，认真抓好榜样选树、品牌培育，建成县乡村三级志愿服务体系，针对不同群体，组建的 12 支专业志愿服务队、258 个志愿服务小分队、3 万余名志愿者年度开展各类志愿服务活动 3 000 余场，打造了“巴山百灵鸟”“巴山巧媳妇”“摩托小哥”等特色亮点志愿服务项目，形成了具有城口辨识度的志愿服务品牌，社会文明程度不断提升。

在推进信访工作法治化方面，2024 年 9 月，吉林信访工作法治化指挥调度平台上线。该平台依托吉林省信访信息系统，通过智能化大数据钻取技术建立，集信息展示、数据分析、监控预警于一体，全方位实时反映全省信访工作动态，为研判形势、指挥调度、科学决策提供有力支撑，实现了吉林信访信息化建设“四全目标”，即信访事项办理全过程透明、信访数据统计全量式计算、信访工作调度全天候在线、信访法治化成果全系统共享。提高市域社会治理能力，强化市民热线等公共服务平台功能，健全“高效办成一件事”重点事项清单管理机制和常态化推进机制。近年来，宁夏固原市全力推进“高效办成一件事”，以企业群众高频办理的行政许可事项为突破口，推出高效办成“开办食品生产加工小作坊一件事”和“开办药店一件事”，极大提升了政务服务的效率和质量。以开办食品生产加工小作坊和开办药店两个事项为例，提交材料的数量分别从 13 份和 34 份精简至 1 张申请表加上 7 份和 19 份材料，办理时限也分别从 15 个工作日和 12 个工作日压缩至 8 个和 5 个工作日，材料和时限的压减比例分别达到了 46.2% 和 46.7%，以及 44.1% 和 58.3%。

在健全社会心理服务体系和危机干预机制方面，江西上高县聚焦群众心理健康服务需求，依托社会心理服务中心，整合信访、公安、司法、卫健、教体等多个部门的精干力量，扎实推进心理服务体系建设，探索构建“社会心理 + 矛盾纠纷多元化解”模式，逐步形成党政领导、部门协同、专业支撑、社会参与的社会心理服务工作新格局。在健全发挥家庭家教家风建设在基层治理中作用的机制方面，2023 年以来，吉林敦化市持续推进家庭教育建设，先后建立 1 个吉林省“家庭教育创新实践基地”和 3 个延边州家庭亲子阅读体验基地。此外，敦化市还积极组织亲子互动相伴成长活动，增进亲子间的互动交流，引导全社会更加注重家庭、家教、家风的家庭教育环境和社会氛围。同时，用最美家庭典型倡扬文明新风，举办最美家庭发布会，为全市 45 户受表彰的最美家庭颁奖，引导广大家庭崇德向善、见贤思齐，树立好的家庭风气，营造好的社会风气。在深化行业协会商会改革方面，2024 年 5 月，成都 12345 热线平台首次专设行业协会商会意见诉求“一站式”受理渠道，通过开设专席、收集诉求、限时办理、及时回复，实现行业协会商会问题诉求闭环处理。在健全社会组织管理制度方面，陕西省开展社区与社会组织、社会工作者、社区志愿者、社会慈善资源“五社联动”基层治理试点，实施培育发展社区社会组织三年专项行动，全省登记备案社区社会组织 1.4 万家，覆盖公益慈善、社区事务、志愿服务、文体娱乐、居民互助、文明创建等诸多领域，在丰富群众精神文化生活、改善社区环境、预防化解内部矛盾、促进社区邻里和谐等方面发挥了积极作用。

在健全乡镇（街道）职责和权力、资源相匹配制度，加强乡镇（街道）服务管理力量方面，安徽省制定赋权指导目录，梳理编制乡镇街道审批事项清单、行政执法事项清单和配合事项清单，省级统一制定 471 项赋权指导目录，破解基层“权小责大”“看得见管不着”老大难问题。乡镇街道结合实际认领高频多发、易发现、易处置的权力事项，编制实施审批事项清单和行政执法事项清单，实现与群众生活密切相关的审批服务“就近办、家门口办”，第一时间发现并处置群众身边的违法违规行为，打通基层执法“最后一公里”，赋权成效明显。2024 年以来，南陵县乡镇街道办理审批类事项近 1 000 件、行政执法 240 余件，有效增强基层行政执行力，提升群众满意度和获得感。

在完善社会治安整体防控体系，健全扫黑除恶常态化机制，依法严惩群众反映强烈的违法犯罪活动方面，2022 年以来，公安部部署全国公安机关开展首批社会治安防控体系“示范城市”创建活动，全面加强“圈层查控、单元防控、要素管控”，有效牵引带动社会治安防控体系建设提档升级，社会治安防控整体水平显著提高，人民群众安全感更加充实，更有保障，更可持续。截至目前，全国共建成5 026个公安检查站，建成2.1万个街面警务站，日均投入74万社会面巡防力量开展巡逻防控，最大限度提高街面见警率、管事率。全国已建成智能安防小区近30万个，社会治安环境明显改善。

（四）完善涉外国家安全机制

在强调开放作为中国式现代化关键特征方面，随着我国扩大国际合作，建设更高水平开放型经济新体制的步伐不断加快，必须进一步提升涉外安全保障和应对风险能力。为了进一步强化周边安全并促进区域和平稳定，应建立健全周边安全工作协调机制，确保中国能够坚持通过谈判协商方式处理同有关国家的领土主权和海洋权益争端，以谈判协商方式同14个陆上邻国中的12个国家和平解决陆地边界问题，并完成中越北部湾海域划界。强化海外利益和投资风险预警、防控、保护体制机制，深化安全领域国际执法合作，维护我国公民、法人在海外合法权益。近年来，随着我国公民、企业“走出去”的数量不断增加，加强海外安全保障能力建设意义重大。目前，我国专门涉外法律有50多部，含有涉外条款的法律有150多部，对维护我国公民和企业海外合法权益发挥了重要作用。2023年以来，司法部推进首批150余家全国涉外法律服务示范机构创建工作，支持我国律所在“一带一路”共建国家设立服务网点，遴选295家公证机构与驻外使领馆共同开展海外远程视频公证，不断提升涉外法律服务能力。

在健全反制裁、反干涉、反“长臂管辖”机制方面，2021年6月，十三届全国人民代表大会常务委员会第二十九次会议表决通过《中华人民共和国反外国制裁法》，习近平主席签署中华人民共和国第九十号主席令予以公布，自公布之日起施行。《中华人民共和国反外国制裁法》是反击某些西方国家霸权主义和强权政治的迫切需要，是维护国家主权、安全、发展利益的迫切需要，是统筹推进国内法治和涉外法治的迫切需要，将有利于依法反制一些外国国家和组织对我国的遏制打压，有力打击境外反华势力和敌对势力的嚣张行径，有效提升我国应对外部风险挑战的法治能力，加快形成系统完备的涉外法律法规体系。在健全维护海洋权益机制方面，2022 年 11 月，山东省建立由 24 名行政机关、司法机关、高等院校、科研机构和律师事务所等单位有关人员组成的海洋权益保护专家库，承担与海洋海事海商有关的课题研究、论证、咨询等事项，为领导决策和解决争端提供智力支持，为推动海上山东建设提供法治服务。

在完善参与全球安全治理机制方面，中国提出全球安全倡议，同国际社会一道，弘扬联合国宪章精神，倡导以团结精神适应深刻调整的国际格局，以共赢思维应对各种传统安全和非传统安全风险挑战，走出一条对话而不对抗、结伴而不结盟、共赢而非零和的新型安全之路。2023 年 2 月，中国正式发布《全球安全倡议概念文件》，进一步阐释了倡议核心理念与原则，明确了倡议重点合作方向，并就倡议合作平台和机制提出建议设想，展现了中国对维护世界和平的责任担当、对守护全球安全的坚定决心。全球安全倡议是国际公共产品，服务的是全世界人民的利益，维护的是全世界人民的安宁。中国始终致力于发挥负责任大国作用，推动朝鲜半岛、巴勒斯坦、伊朗核、叙利亚、阿富汗等国际地区问题解决。在乌克兰问题上，中方积极劝和促谈，先后提出“四个应该”“四个共同”“三点思考”的主张，发布《关于政治解决乌克兰危机的中国立场》文件。派出中国政府欧亚事务特别代表，就政治解决乌克兰危机同有关各方广泛接触和交流。在中国斡旋下，沙特和伊朗实现历史性和解，为地区国家通过对话协商化解矛盾分歧、实现睦邻友好树立了典范，有力引领了中东地区“和解潮”。

四、经验启示

《中共中央关于进一步全面深化改革　推进中国式现代化的决定》提出，聚焦建设更高水平平安中国，健全国家安全体系，强化一体化国家战略体系，增强维护国家安全能力，创新社会治理体制机制和手段，有效构建新安全格局。总体国家安全观体现了新时代新征程国家安全工作在党和国家事业全局中的极端重要性，标志着我们党对国家安全工作的规律性认识和把握提升到了新高度，对推进中国式现代化、实现中华民族伟大复兴具有重大意义。

（一）坚持党对国家安全工作的绝对领导

中国共产党是中国特色社会主义事业的领导核心，处在总揽全局、协调各方的地位。习近平总书记指出："坚持党对国家安全工作的领导，是做好国家安全工作的根本原则。"我们党诞生于国家内忧外患、民族危难之时，对国家安全的重要性有着刻骨铭心的认识。中华人民共和国成立以来，党中央对发展和安全高度重视，始终把维护国家安全工作紧紧抓在手上。当前，我国国家安全面临的形势和任务更为复杂，必须坚持党中央对国家安全工作的集中统一领导，加强统筹协调，把党的领导贯穿到国家安全工作各方面全过程，推动各级党委（党组）把国家安全责任制落到实处。

（二）坚持系统观念统筹安全与发展

安全和发展是一体之两翼，驱动之双轮。没有安全，发展就不会顺利；没有发展，安全就不会持续。必须准确把握发展和安全之间的辩证统一关系，把安全发展贯穿国家发展各领域和全过程，坚持发展和安全并重，实现高质量发展和高水平安全的良性互动，既通过发展提升国家安全实力，又深入推进国家安全思路、体制、手段创新，营造有利于经济社会发展的安全环境，在发展中更多考虑安全因素，努力实现发展和安全的动态平衡，全面提高国家安全工作能力和水平。

（三）坚持大安全理念

总体国家安全观关键在总体，主张国家安全是全面、系统的安全，是共同、整体的安全，涵盖政治、军事、国土、经济、文化、社会、科技、网络、生态、资源、核、海外利益、太空、深海、极地、生物等诸多领域。大安全理念更加强调科学统筹，既体现了新的时代条件下国家安全问题的多样性、关联性和动态性，又符合我国以新安全格局保障新发展格局的现实需要，推动发展与安全在各方面深度融合，让人民群众的获得感、幸福感、安全感更加充实，更有保障，更可持续。

总而言之，总体国家安全观内涵丰富、科学系统、目标宏远，明确了维护国家安全的重点领域和任务，充分彰显了党对国家安全工作的绝对领导，充分表达了人民群众对新时代国家安全的普遍愿望和更高期待，充分适应了当前我国国家安全的内涵外延、时空领域、内外因素的复杂变化，必须长期坚持，在实践中不断完善与发展，努力实现高质量发展和高水平安全良性互动。

16 人文之韵　旅途之歌

——河北文旅融合实现高质量发展优秀实践案例分析

习近平总书记指出："文化产业和旅游产业密不可分，要坚持以文塑旅、以旅彰文，推动文化和旅游融合发展，让人们在领略自然之美中感悟文化之美、陶冶心灵之美。"为了贯彻习近平总书记重要指示精神，河北省各市深入挖掘丰厚的文化旅游资源，聚焦京津及周边省市游客需求和客源市场，着力培育文旅品牌，发挥地域自然资源、文化遗产、文学作品、历史底蕴等独特优势，推出历史文化、红色景区、冬奥冰雪等旅游精品，文旅融合、全域全季的新型旅游格局正在形成。"这么近，那么美，周末到河北"这一河北文旅新名片也口口相传，借助互联网等新媒体的力量广泛传播，吸引了大批游客前来。

一、典型案例

党的二十届三中全会决定指出，要进一步全面深化改革，实现高质量发展，推进中国式现代化。为贯彻党的二十届三中全会与党的二十大相关精神，更好地顺应中国式现代化的本质要求，不断丰富人民的精神世界，河北省近年来坚持以社会主义核心价值观为引领，发展社会主义先进文化，弘扬革命文化，传承中华优秀传统文化，满足人民日益增长的精神文化需求。文化和旅游业的创新开发成为近些年来河北省深化改革的重要方向。廊坊市积极响应号召，并形成系统性文旅产业，在实践中不断完善配套设施，创新表现形式，获得了国际国内游客的一致好评。

廊坊市地处京畿，文化底蕴深厚，多元文化在此交融，孕育出丰富的戏剧文化资源，京剧、评剧、河北梆子等经典剧种流传至今。全市14座剧场（其中6座大型戏剧综合体、1座地标性剧场）及3家文艺院团构建起完善的演出体系，梦廊坊·国际戏剧公园作为全国领先的文化综合体及戏剧演出群项目开园运营，为“戏旅之城”建设筑牢根基。廊坊积极探索“戏剧+旅游”新型业态，将艺术元素深度融入旅游产品开发与城市形象打造，“只有红楼梦·戏剧幻城”一年365天不间断演出，以沉浸式演出吸引超150万人次观众，成功塑造了热门旅游IP。大厂回族自治县“域见未来”健康文化旅游产业园围绕戏剧主题打造全产业链康养文旅强县，永清县益田戏剧产业孵化基地构建上下游生态链。廊坊重视文化资源挖掘利用，加大对文化传承人和传统技艺的保护扶持，举办非遗相关活动，如连续9届且影响力不断扩大的京东大鼓书会、炊庄高腔等多种曲艺形式成为非遗项目，同时在戏剧创作上成果丰硕，多部优秀原创作品问世。在产业配套方面，廊坊有专业戏靴生产厂家与戏剧“把子”生产厂，还有中国服装博物馆及众多非遗项目传承人，具备开发戏剧周边产品的能力，周家务村打造“京剧田园小镇”，融合戏曲、农业与民宿取得良好效益。廊坊整合重点项目建设“百里戏廊”，按“周周有戏、节假日加场”模式组织活动，推出优质演艺产品，并计划通过线上线下结合开展惠民宣传推广活动，激发戏旅消费活力。

本文将介绍廊坊市建立“戏旅之城”的一系列做法，包括深入挖掘当地文化、自然资源，多方协调形成合力，换位思考深刻理解游客需求，全方位提升游客体验等。廊坊文旅的“出圈”为河北其他城市积极创建文化旅游城市提供了宝贵的“廊坊经验”。

二、背景情况

（一）政策引领，赋能发展

习近平总书记在主持中共中央政治局第十七次集体学习时强调，我们要锚定2035年建成文化强国的战略目标，坚持马克思主义这一根本指导思想，植根博大精深的中华文明，顺应信息技术发展潮流，不断发展具有强大思想引领力、精神凝聚力、价值感召力、国际影响力的新时代中国特色社会主义文化，不断增强人民精神力量，筑牢强国建设、民族复兴的文化根基。

党的二十届三中全会精神指出，我们要更好地聚焦社会主义文化强国建设。河北作为历史悠久、底蕴深厚的文化大省，同时毗邻京津，更应当承担起推动文化事业发展、深化文化体制机制改革的重要责任。健全文化事业、文化产业发展体制机制，推动文化繁荣，丰富人民精神文化生活，提升国家文化软实力和中华文化影响力成为河北省实现高质量发展、推进中国式现代化的内在要求。

9月23日，旅游强省建设推进大会在廊坊市召开。河北省委书记、省人大常委会主任倪岳峰在会议上强调，要深入贯彻习近平总书记重要指示精神，认真落实党的二十届三中全会和全国旅游发展大会部署，坚持以改革创新思维谋划推进全省旅游产业发展，加快建设文旅融合、全域全季的旅游强省。倪岳峰指出，党的十八大以来，以习近平同志为核心的党中央高度重视旅游工作，指引我国旅游发展步入快车道，成功走出了一条独具特色的中国旅游发展之路。全省各级各部门深入学习贯彻习近平总书记重要指示精神，围绕建设旅游强省创新思路举措，用好市场机制，完善政策体系，推动全省旅游发展格局为之一新，“这么近，那么美，周末到河北”影响力不断扩大。

倪岳峰书记强调，要坚持和加强党的全面领导，压实各地各部门责任，狠抓各项任务末端落实；要强化要素保障，健全多元投融资体系，加强高校旅游学科建设，抓好旅游职业教育，支撑旅游业高质量发展，不断开创河北省旅游高质量发展新局面。

（二）区位优势，资源汇聚

廊坊市背靠京津、面向雄安，素有“京津走廊明珠”之称。廊坊全域98%的面积为平原，地势平缓，土壤肥沃，水系发达，拥有丰富的温泉资源，造就了不可多得的绿色田园风光，给廊坊旅游业提供了良好的自然条件。许多游客会选择在周末时去廊坊永清县的林栖谷温泉度假区呼吸新鲜空气，享受鸟语花香，或者乘船游览北运河的醉人风光。同时，廊坊历史悠久，早在6 000多年前就有人在此聚居，人文传承积淀也自然深厚。在此基础上，许多艺术馆、博物馆应运而生，为这座古色古香的城市更添了几分艺术气息。2023年7月，作为梦廊坊国际戏剧公园度假区的核心项目之一，“只有红楼梦・戏剧幻城”正式开放，吸引了一大批游客前来体验，更是在互联网各个平台引发热议，大家纷纷对这一“戏剧+旅游”的创新举措赞不绝口。

廊坊作为曹雪芹祖籍所在地之一，与《红楼梦》有着深刻的渊源，通过“只有红楼梦・戏剧幻城”的打造，廊坊可以将这一文化优势更好地发挥出来，打造出更有故事性和文化深度的旅游项目，让更多的游客深刻理解《红楼梦》这一中国经典文学作品。在“只有红楼梦・戏剧幻城”开放后，越来越多的人选择重温经典，“红学”和中国文学作品又迎来了一批新的爱好者。“只有红楼梦・戏剧幻城”是廊坊市主动抓住京津冀协同发展上升为国家战略的这一机遇，在深刻理解京津冀游客需求和消费偏好的基础上，梳理整合全市戏剧和文化资源，全力打造出的河北旅游又一新业态。

三、实践探索

（一）文化传承显底蕴，产业蜕变展新姿

习近平总书记在中共中央政治局第十七次集体学习中指出，我们要着力激发全民族文化创新创造活力。党的十八大以来，我们坚持把文化建设摆在治国理政突出位置，作出一系列重大部署，形成新时代中国特色社会主义文化思想，推动文化建设在正本清源、守正创新中取得历史性成就，社会主义文化强国建设迈出坚实步伐。

近年来，廊坊市积极探索“戏剧 + 旅游”新业态，充分挖掘当地戏剧文化资源优势，集结各大戏剧名家、历史专家，将戏剧艺术和文学底蕴融入旅游产品的开发和旅游城市名片打造，使戏剧与旅游和谐共生。2024 年 9 月，第八届河北省旅游发展大会召开，廊坊市整合了“只有红楼梦·戏剧幻城”“壹佰·偶世界”等重点项目，推出艺术游“戏剧 walk”“跟着演艺去旅行”两条戏剧旅行精品线路，开创了“跟着戏剧来旅游”的新型文旅模式，给广大游客提供了新鲜的旅游体验。作为廊坊市梦廊坊戏剧公园的核心组成部分，“只有红楼梦·戏剧幻城”自 2023 年 7 月开城以来，持续吸引海内外游客，成为京津冀文化旅游新地标。

108 个情境空间、21 场沉浸式演出……作为体验经济的新载体，“只有红楼梦·戏剧幻城”并非重复《红楼梦》文本，而是站在 300 年来不同读者的角度，讲述读者的不同人生和与《红楼梦》产生的深刻情感联系，无论是否完整地读过红楼梦，每一位游客都可以在沉浸式的戏剧幻城里找到情绪的共鸣。自 2023 年 7 月开城以来，这里已演出 1 万余场次，吸引超 400 万人次观演，“来廊坊感受戏剧文化”已经成为群众和周边游客生活和娱乐的重要方式。

除了“只有红楼梦·戏剧幻城”的沉浸体验，水云间文化商街则汇集了特色餐饮、微演艺、快闪店、书店等多元文化业态，形成了完备的夜间游览

产业体系，每天晚上还有乐队演出。不同种类的音乐、戏剧使得梦廊坊戏剧公园的艺术氛围更加浓厚，围观游客赞不绝口。此外，廊坊丝绸之路国际艺术交流中心也成为廊坊对外交流、展示城市艺术底蕴的重要场所，这座总建筑面积 27 万平方千米的国际艺术交流中心有 4 个特色大剧场和 14 个艺术展厅以及多功能艺术空间，是中国北方地区鲜有的集美术馆、博物馆和表演艺术中心于一体的综合性艺术空间。梦廊坊国际戏剧公园项目运营方新绎控股董事长李晓菲说：“从 2021 年举办‘一带一路’·长城国际民间文化艺术节，到 2024 年举办世界戏剧日庆典活动，我们一直致力于推动廊坊开发区以文化艺术为 IP 的文旅产业发展。”

廊坊市将传承传统戏剧文学文化与消费及产业转型进行了有机结合，使得戏剧文化真正为廊坊市文旅产业注入了新的活力。廊坊市积极推动探索建设大厂回族自治县“域见未来”健康文化旅游产业园项目，围绕戏剧文化主题，建设戏剧国际交流中心、戏剧产学研示范基地、主题旅游度假区等，打造以“文化 + 旅游 + 康养”为核心的戏剧全产业链康养文旅强县。廊坊市在打造戏剧城市的过程中，不断深入挖掘戏剧文化元素，推出艺术精湛、制作精良的戏旅艺术作品、打造凝聚地方特色、兼具观赏性和专业性的文旅产品，不仅能够给游客带来新奇厚重的旅行体验，同时也经得起时代的考验和专业性的推敲。同时，培育一批网红打卡地和文旅消费聚集区，让“廊坊文旅”活起来、火起来，不断擦亮城市文化 IP。

（二）政府引领共发展，配套设施齐完善

为了提升游客体验，使廊坊“戏旅之城”品牌行稳致远，戏剧文化氛围更加浓厚，廊坊市政府以及相关企业、市民共同努力，在配套服务和基础设施上作出了诸多努力。

第一，精雕细琢打造景区产品，科技创新助力文化之旅。习近平总书记指出，我们要推动文化创新创造活力持续迸发。探索文化和科技融合的有效

机制，实现文化建设数字化赋能、信息化转型，把文化资源优势转化为文化发展优势。目前，廊坊全市有14座剧场，包括大型戏剧综合体、地标性剧场等，这些剧场不间断上演精彩纷呈的戏剧和文艺表演。在“只有红楼梦·戏剧幻城”的入口，有16道造型各异的中式门楼，游客可以选择其中一道进入幻城，幻城内部则采用棋盘式的格局，四大主剧场、近20个小剧场镶嵌在108座情境空间中，各式各样的中式美学意象映入眼帘，廊桥、红墙、竹林等引人入胜，体现了中国传统建筑之美、意境之美、文化之美。此外，剧场演出不仅拥有精彩深刻的故事脚本，引经据典、内涵丰富的台词和旁白，还有科技创新元素的加入，巧妙运用声、光、电、水幕等舞台技术，融合多种艺术形式，通过新情景装置艺术与舞台沉浸技术的交相辉映，将游客邀请进《红楼梦》那亦真亦幻的美丽梦境中，使游客在体会《红楼梦》及其衍生故事的同时，仿佛经历了不同的人生，产生更多的感触与新奇的体验。中式美学与科技创新的结合，让书写在古籍里的文字活起来，进一步推动了中华优秀传统文化的创造性转化和创新性发展。

廊坊市整合资源，大力推进智慧旅游平台建设。手绘地图、语音讲解、线路推荐、实时定位、智慧停车等服务数字智能化已经渗入景区的方方面面，游客进入小程序“国际戏剧公园”就可以获得即时服务。清晰的地图定位、生动的语音讲解、图文结合的景点介绍改善了游客的游览体验，助力游客畅玩景区。许多游客纷纷表示，景区服务的数智化不仅能够让他们在景区不迷路、提高了游览效率，同时还提升了游览的全面性，有许多自由游览可能会错过的细节和剧情等都在数智化平台上有所补充，能够让人对景区讲述的文化故事有更深刻的理解。景区初步落成后，廊坊市政府和相关的高新技术企业也致力于通过人工智能、大数据等技术不断完善景区的智慧化管理体系，为景区节省人工导游开支成本，解决传统景区服务滞后等问题提供了技术型支持。目前，廊坊不仅在不断沉淀城市的戏剧、文化底蕴，更深刻挖掘自身文旅资源，汇集各方人才助力“戏剧之城”品牌发展，也集中技术力量推动廊坊旅游业向智能化、信息化发展，为市民和旅客营造干净、整洁、安全的畅游环境，助力游客“智慧旅游”。

第二，加强基础设施建设，吸引海内外游客。截至2024年6月，廊坊市共发放文化旅游惠民卡25 415张，发放文化旅游惠民券277 209张，持续发力提升游客旅游消费体验。同时，由市政府牵头建设高品质旅游风景道90.4公里以上，建设提升旅游公共服务设施48个以上，其中，旅游厕所37座，其他旅游基础设施11个。除了最基础的卫生间、停车场等公共基础设施，“只有红楼梦·戏剧幻城”景区内加设了母婴室、吸烟区、行李寄存、充电宝租赁、婴儿车租赁、轮椅租赁等方便不同游客需求的基础设施服务，同时基本实现了 Wi-Fi 信号的覆盖。

此外，廊坊市构建了四通八达的高速公路、铁路等交通线路，连接了京津地区以及其他省市。北运河香河段中心码头提供了便捷的游船服务，游客可以乘坐观光游船到达多个旅游景点，形成了完整的旅游观光线路。对于北京、天津地区的游客，“只有红楼梦·戏剧幻城”开放了城际旅游直通车，在北京国贸、北土城地铁站，天津通莎客运站等地点发车，游客凭借有效购票凭证即可免费乘坐旅游大巴直达“只有红楼梦·戏剧幻城”景区。同时，为了推动文化旅游的进一步发展，廊坊市整合资源，发布了8条精品旅游线路，覆盖了影视戏剧、非遗手工艺、生态文化、康养度假等多个主题，进一步提升了廊坊在京津冀地区的旅游吸引力。

由于剧目选择丰富，许多游客在一天之内很难看完戏剧幻城内的全部剧目。因此，北京、天津等周边地区的游客往往选择戏剧幻城两日游。为了给游客以更好的游览体验，景区周边建设了多种不同主题及风格的院落、近百套江南合院组成的客栈群落，与主题公园、艺术街区、文化商业街等业态相融合，让游客留下来，深度体验与《红楼梦》中大观园相似的“院子文化”。随着第八届河北旅游发展大会的召开，景区周边的许多酒店、餐厅也纷纷推出了大会专享优惠券，许多大型购物商城也纷纷通过打折、举办主题购物活

动等方式为游客们提供更加难忘的游览体验，同时也带动了廊坊市旅游消费水平，形成了文化旅游与产业发展相互作用的良性循环。各种文旅业态在深刻浓厚的文化氛围、热情包容的开放姿态和充满活力的消费环境中协同发展，不同的群体也积极参与到此次戏剧文旅发展的浪潮中。各方合力持续为游客提供全方位、高品质、智慧化的戏剧艺术全景体验，引领廊坊市戏剧旅行新风尚。

（三）线上线下传佳话，文旅故事遍天下

响亮的文旅品牌和城市名片离不开宣传手段的托举，廊坊市为了打造“戏旅之城”采取了丰富的宣传手段提高知名度，吸引更多游客来感受廊坊的戏剧文化氛围。

第一，廊坊文旅巧用新媒体，宣传特色景点引发网络热议。廊坊文旅精

准定位受众群体，利用微博、微信、抖音等社交媒体平台，发布戏剧旅游相关信息和动态，吸引了众多年轻游客的关注。许多网络营销号也发布了众多关于廊坊“戏旅之城”的相关宣传片，“只有红楼梦·戏剧幻城”作为廊坊戏旅的一张响亮名片更是频频“出圈”，吸引了各大网红、博主纷纷前去打卡，进一步扩大了戏剧幻城的影响力。通过直播和短视频的形式，廊坊文旅部门展示和分享了许多戏剧演出的精彩瞬间、幕后花絮以及旅游景点的美丽风光，有趣的剪辑、引人入胜的背景音乐不仅吸引了大量观众的关注，更激发了网友前往廊坊一探究竟的兴趣。

相关技术部门与企业还为廊坊戏剧之城的相关景点制作了沉浸式的场景体验，利用虚拟现实（VR）和增强现实（AR）设备，游客可以优先在家中感受廊坊的文化氛围，也可以在离开廊坊后随时随地回顾戏剧之旅的相关精彩情节。

同时，廊坊文旅及景区与去哪儿、携程等相关旅行 App 进行合作，在平台上发布关于廊坊戏剧旅游的信息和动态，这些平台上的内容涵盖了戏剧演出的介绍、景点推荐、酒店比价，等等。平台还整合资源，号召去过廊坊及相关景点的网友积极发布旅行攻略帖，游客可以参考网友发布的攻略帖结合官方出台的一站式旅行指导对自己的行程进行科学规划，为游客提供了丰富的信息来源。

此外，廊坊文旅还邀请了演员赵丽颖为自己的家乡代言，利用明星的粉丝群体和社会影响力进一步扩大了廊坊“戏旅之城”的宣传范围，许多对廊坊不熟悉、不了解的网友可以通过赵丽颖的微博、抖音等媒介上的宣传片了解廊坊，进而对廊坊的城市文化产生兴趣。奥运冠军孙颖莎也在第八届河北省旅游产业发展大会上为廊坊文旅宣传。

第二，丰富宣传手段，扩大廊坊文旅影响力，全面覆盖各旅游群体。除了线上各网络平台的宣传，“戏旅之城”的“出圈”也离不开传统宣传方式的赋能，将廊坊的城市名片融入游客的日常生活，才会有更多的人关注到这个文化底蕴深厚、热情好客的城市。

在河北将“这么近，那么美，周末到河北”这一文旅新口号推到世界人民面前时，廊坊文旅抓住机遇，推出了一系列文旅活动。2024 年，廊坊推出“文旅融合·戏旅品牌”系列活动，9 月 23 日至 24 日，“戏星大会”在梦廊坊国际戏剧文化公园的水云间文化商街等地，精心设置多个定点演出区域以及热闹非凡的巡游嘉年华活动，为广大市民、游客带来了丰富多彩的文化体验，“戏星大会”“百里戏廊”等艺术盛典联动观演等项目精彩上演，让民众沉浸式体验“跟着戏剧来旅游”，让更多人了解并喜爱上戏剧艺术，为推动河北省旅游产业发展和文化事业繁荣作出了积极贡献。廊坊开发区还推出了 2024 年文化旅游季系列活动，让市民在家门口乐享文化大餐。5 月 19 日启动以来，推出了八大场景系列活动，220 余项特色文旅主题惠民活动，让游客在看演出、享文化、赏美景、品美食的同时，近距离感受廊坊独特的

文化魅力和人文气息，推动文旅强区建设迈出新步伐，取得新成效。

文化旅游季期间，廊坊开发区实施教师优惠、展览免费通票等20余项文旅促消费优惠措施，开展系列宣传推广活动，激发文旅消费活力。此外，廊坊文旅部门还在各大剧院、旅游景点等地举办了一系列宣传性质的戏剧演出和旅游体验活动，不仅展示了戏剧文化的魅力，还为游客提供了亲身体验的机会。同时，在各城市的机场、高铁站，公交站牌等地，经常能看到廊坊的美丽景色、“只有红楼梦·戏剧幻城”的精彩表演瞬间等。廊坊文旅在宣传“戏旅之城”的过程中，巧妙采用“线上云赏”与“线下共游”相结合的形式，利用线上平台的便捷性和新媒体超越时间空间的特点，同时又强调了线下体验的真实性。“廊坊戏”与“文旅梦”相互呼应，共同展现了廊坊戏剧文旅的独特魅力，也包含了政府部门与廊坊市民对这座“戏旅之城”未来发展的美好愿景。

三、经验启示

（一）挖掘地域特色，创新形式设计

倪岳峰书记强调，河北历史文化资源丰富，自然生态环境优美，特别是有毗邻京津的区位优势和市场优势，旅游发展前景广阔，空间巨大。据河北省文化和旅游厅相关负责人介绍，为推动文旅产业出新、出圈，河北省将新发展理念贯彻落实到文旅发展全过程，深化供给侧结构性改革，不断拓展旅游产业空间，培育业态多元的文旅消费新场景。近年来，河北省加强文化旅游资源普查，深度挖掘地域特色，推出历史文化、红色景区、冬奥冰雪等旅游精品，打造京张体育文化旅游带、太行山旅游带、渤海滨海旅游带等，不断丰富旅游产品体系。在此基础上，河北整合全省各地文旅资源，推出“跟着演艺游河北”“跟着非遗游河北”“跟着典籍游河北”“跟着诗词游河北”“跟着村晚游河北”等一系列创新主题活动，以高品质活动吸引更多游客，延长游客驻留时间，拉长消费链条。2024年，河北省还提出打造京津游客周末休闲首选目的地，精心策划新型主题场景，将文旅消费项目由“风景化”向“场景化”迭代，同时瞄准市场消费新趋势、新需求，培育研学游、露营游、微度假等文旅新业态、新场景。据统计，2024年第一季度，全省接待游客量、实现旅游收入均保持两位数增长，其中，京津游客占比达到14.4%，“这么近，那么美，周末到河北”品牌影响力已深入人心。

（二）树立保护理念，完善基础建设

习近平总书记强调，要始终坚持文化建设着眼于人、落脚于人。坚持以人民为中心的创作导向，坚持把社会效益放在首位，社会效益和经济效益相统一。廊坊市在打造“戏旅之城”的过程中，不仅考虑到当地旅游产业的经济效益，也考虑对文化遗产、自然景点的保护以及对游客需求的满足，兼顾了经济效益与社会效益。基础设施的完善体现了廊坊文旅在发展的过程中注

重人文关怀，主要体现为：施行旅游包车周末与节假日免费通行高速公路政策；对通过旅游包机包列包船等引客入冀旅行社给予资金奖励；上线“乐游京津冀一码通”一站式搞定吃住行游购娱……同时，景区不仅有干净、宽敞的卫生间，同时还有母婴室、更衣室等多元公共场所；轮椅租借等各种无障碍设施也逐步完善，满足不同游客群体的多元化需求。同时，贯彻落实总书记对加强文化和自然遗产保护传承利用工作作出的重要指示精神，在挖掘当地文化和旅游资源的过程中也注重自然资源和文化遗产的保护，实现可持续发展。

河北是中华文明多元一体格局形成和发展的重要区域，散落在燕赵大地的历史遗珍和文化资源星罗棋布，是文化根脉的重要载体。燕赵文化作为中华优秀传统文化的重要组成部分，为守护好我们的精神家园、延续民族的灵魂和血脉提供了重要根基。牢记总书记嘱托，河北全面系统保护好文物和文化遗产，积极推动中华优秀传统文化创造性转化、创新性发展，让中华优秀传统文化融入现代生活。近年来，河北依托丰厚的文旅资源，聚焦京津及周边省份重点客源市场，发挥“近”的优势、做足“美”的文章、放大“到”的流量，加快建设文旅融合、全域全季的旅游强省，推动旅游业高质量发展行稳致远。同时，始终坚持全面贯彻习近平文化思想，发展面向现代化、面向世界、面向未来的，民族的科学的大众的社会主义文化。坚持以社会主义核心价值观为引领，牢记总书记嘱托，不断构筑中国精神、中国价值、中国力量，发展壮大主流价值、主流舆论、主流文化，发挥文化养心志、育情操的作用，涵养全民族昂扬奋发的精神气质，汇聚起文化强国建设的强大合力。

后　记

参加本书编写工作的同志有：河北省社会科学院陈璇（编写第 1 篇），陈鹏举（编写第 2、3、9 篇），李娜、杨春娟（编写第 4 篇），尹渊（编写第 5 篇），孙开（编写第 6 篇），申玲敏（编写第 7 篇），王倩（编写第 8、12 篇），孙璐（编写第 10 篇），郭晓飞（编写第 11 篇），张默璞（编写第 13 篇），赵颖洁（编写第 14 篇），常浩（编写第 15 篇），武斯婷（编写第 16 篇）等。其中，李鉴修和张默璞组织协调了书稿的统稿、修改和出版工作。

河北省社会科学院党组成员、副院长，河北省委讲师团副主任袁宝东同志审定了编写提纲。河北省社会科学院党组书记、院长，河北省委讲师团主任，河北省社会科学界联合会第一副主席吕新斌同志对全书进行了最终审定。

本书在编写过程中紧密围绕中央与河北省委的相关政策，参阅了大量资料和文献，力求科学梳理、分析党的二十大以来全国与河北省的高质量发展实践，但由于时间和水平有限，难免有不妥之处，敬请读者批评指正。

编者

2024 年 9 月